선각자 서재필

한국신문편집인협회는 1964년 4월 28일 언론발전에
공이 많은 분, 또는 순직 언론인을 선정하여
초상화와 간략한 업적을 신문회관에 봉안하기로 하였다.
제1차로 선정된 언론인은 서재필, 장지연, 양기탁과
취재 도중에 순직한 장덕준, 최병우였다.
편협은 이들 다섯 언론인의 초상화를
화가들에게 위탁하여 그려서
1965년 4월 신문회관 3층 강당에 봉안했는데
현재는 프레스센터 19층 기자클럽에 걸려 있다.
서재필 선생의 초상화는 화가 박득순(1910~1990)의
작품이다.

일러두기

● 서적을 비롯한 일반 출판물은 『 』로, 기사나 칼럼, 논문 제목,
  작품 이름은 「 」로, 신문이나 잡지와 같은 정기간행물은〈 〉로 표기했다.
  단, 옛 문헌이나 자료를 원문 인용한 경우에는 예외로 했다.

● 인명과 지명 등 고유명사는 원칙적으로 처음 나올 때 한자(漢字)를 병기했다.

● 인용문이나 발췌문을 제외한 본문의 신문 제호와 제목은 옛 글씨체가 아닌 현대어로 고쳤다.
  미일신문→매일신문 / 황셩신문→황성신문 / 뎨국신문→제국신문 / 논셜→논설

● 내용 가운데 시재필기념회가 발간한 『개화 독립 민주』(2001), 『서재필과 그 시대』(2003)의
  여러 논문을 많이 인용하였으나 출처를 밝히지는 않았다.

민족을 위한 '희망의 씨앗'을 뿌리다

선각자 서재필

책임집필 정진석

기파랑

개화·독립·민주의 삶과 사상을 담다
-서재필 선생 탄신 150주년 화보집을 발간하면서

　　서재필 선생은 언론인, 개화사상가, 혁명가, 독립운동가, 군인, 의사, 정치가 등으로 여러 분야에서 활동한 근대사의 선각적인 거목이었습니다. 국내와 일본, 미국을 넘나드는 87년 생애의 폭넓은 발자취와 우국충정에 넘치는 활동은 후세에 귀감이 되고 있습니다.

　　우리 재단법인 서재필기념회는 한평생을 조국의 근대화와 발전을 위해 헌신하셨던 선생의 개척자적인 삶을 널리 알리고 숭고한 뜻을 계승하기 위한 사업을 벌여왔습니다. 독립기념관에는 선생의 말씀을 새긴 어록비(語錄碑)를 세워 그곳을 찾는 사람들이 선생의 높은 뜻을 되새길 수 있도록 하였습니다. 2001년에 펴낸 『개화 독립 민주』를 필두로 선생의 업적을 조명하는 전문가들의 글을 모은 책도 세 차례에 걸쳐 발간하였습니다.

　　금년은 선생이 태어난 지 150주년이 되는 해입니다. 선생은 조선이 은둔의 나라로 깊은 잠에서 깨어나지 않았던 19세기 중반에 태어나셨습니다. 어려서는 한학을 공부하여 과거시험 문과에 급제까지 하였습니다. 하지만 나라가 처한 냉엄한 현실을 직시하고 일본으로 건너가서 신식 군사 훈련을 받기도 하였습니다. 이제는 거스를 수 없는 세계질서의 거센 파도에 휩쓸려 나라의 안위가 위태롭다고 판단하였던 것입니다. 여기서 우리는 선생의 과감한 성격과 뛰어난 선견지명을 확인할 수 있습니다. 동시에 선생의 애국심도 엿볼 수 있습니다. 귀국 후에 선생은 젊은 나이로 갑신정변에 가담하였으나 실패로 끝나자 정처 없는 망명의 길에 들어섰습니다.

　　하지만 선생은 일본을 거쳐 미국으로 건너가서 새로운 삶을 개척하였습니다. 한국인 최초로 미국 의사자격을 획득하였습니다. 뛰어난 두뇌와 백절불굴의 의지가 없으면 도저히 이룩할 수 없는 일을 성취하신 것입니다. 귀국 후에 선생이 이룩한 업적은 길게 부연할 필요가 없을 정도입니다. 〈독립신문〉을 창간하여 개화, 정치개혁, 국민계몽, 그리고 무엇보다 주권재민의 민주주의 사상을 널리 전파한 공적은 우리 역사에 길이 남을 큰 업적입니다.

　　독립협회를 결성하여 관존민비 사상에 찌든 관습의 혁파를 외쳤습니다. 또 토론회를 열어 민주적 절차에 입각한 여론 정치를 시작한 것은 오늘의 정치권에 대한 큰 가르침으로 깊이 메아리치고 있습니다. 독립문을 세워 나라의 자주 독립을 만천하에 선포하는 상징물이 되도록 하였습니다. 배재학당 학생들에게도 민주주의와 독립정신을 심어주고 개화의 필요성을 역설하였습니다.

선생은 그러나 조선 땅에서 자신의 뜻을 완성하지 못한 채 다시 미국으로 돌아가야 했습니다. 혼자 힘으로 나라를 바로잡기에는 모든 여건이 성숙되지 않았기 때문입니다. 그러나 미국에서도 선생은 조국의 독립을 위한 투쟁을 멈추지 않았습니다. 3·1독립운동이 일어나자 선생은 미국에서 독립운동을 전개하였습니다. 영문 잡지 〈한국평론(Korea Review)〉을 발행하여 세계 여러 나라에 한국의 실정을 알리는 사업을 계속하였습니다. 19세기 말에 영문판 독립신문 〈The Independent〉를 발행하였던 연장선에서 한국의 독립을 국제여론에 호소하였던 것입니다.

선생이 창간한 〈독립신문〉은 한국 민간 언론의 효시였으며 언론의 정신사적인 원류가 되고 있습니다. 한국 언론은 선생이 창간한 〈독립신문〉의 자주 독립 의지와 비판정신을 전통으로 이어받아 한말에서 일제 강점기와 광복 이후의 국난을 헤치는 지침이 되었습니다. 선생이 미국으로 떠난 뒤에 독립협회는 해산되었으나 선생이 불씨를 지핀 개화 자주 민주화 운동은 연면히 이어 내려왔습니다. 평생을 통하여 몸으로 실천하고 글로써 주장했던 독립과 민주화의 이념이 구현된 나라가 바로 자랑스러운 오늘의 대한민국인 것입니다.

우리 기념회가 선생의 탄신 150주년이라는 뜻 깊은 해를 맞아 선생의 발자취를 돌아보는 화보집을 만들기로 한 것은 생생한 사진과 자료들을 한 책에 묶어 후세에 영원히 전하기 위해서입니다. 이와 함께 선생이 쓴 글들도 곁들여서 선생의 사상과 민족의 진로를 제시했던 탁견을 접할 수 있도록 하였습니다.

화보의 자료는 독립기념관에 소장된 사진과 유물, 그리고 각종 문건이 대부분을 차지합니다. 그밖에도 한말에서 일제 강점기, 광복 이후의 신문 기사도 가능한 대로 많이 수집했습니다. 서울대 규장각 문서와 일본 아시아역사자료관 소장 문서도 수집하였습니다. 일본 문서는 선생이 청년시절 일본으로 건너가서 군사교육을 받던 14명 가운데 유일하게 '사관생도'로 유학생을 대표했던 사실을 증언하고 있습니다.

150년의 역사 속에 남아 있는 선생의 모습을 찾아내어 책으로 엮는 일이 결코 수월하지는 않았습니다. 더구나 눈으로 볼 수 있는, 실존하는 자료보다는 남아 있지 않은 흔적이 훨씬 더 많은 어쩔 수 없는 한계를 느끼면서도 역경을 이겨낸 선생의 불요불굴(不撓不屈)의 굳은 의지, 애국애족 사상, 한국·일본·미국을 오가던 외로운 발자취를 되도록 소상하게 엮으려 애썼습니다. 그 과정에서 사진자료 선정은 물론 본문의 집필까지 도맡아 정성을 쏟아주신 정진석 교수님께 이 자리를 빌어 감사의 말씀을 드립니다.

부족함에도 불구하고 이 화보집을 통해서 선생의 한 단면이라도 볼 수 있다면 다행이겠습니다. 선생의 가르침을 더욱 깊이 아로새기는 교재가 되기를 바랍니다.

2014년 4월 30일

서재필기념회 이사장
안병훈 安秉勳

차례

제3장

최초의 민간 경영 〈독립신문〉을 창간하다

제4장

온몸을 던진 미국에서의 독립운동

독닙신문

데일권 데일호

조선 셔울 건양 원년 스월 초칠일 금요일

광고

독닙신문이 본국과 외국 스졍을 자세이 긔록홀터이요 졍부속과 민간 소문을 다보고 실샹 사연을 뷕성의게 젼홀터이요...

논셜

우리가 독닙신문을 오늘 처음으로 출판ᄒᆞᄂᆞᆫᄃᆡ 조션속에 잇ᄂᆞᆫ 뇌외국 인민의게 우리 쥬의를 미리 말ᄉᆞᆷᄒᆞ여 아시게 ᄒᆞ노라

우리는 첫지 편벽 되지 아니한고로 무슴 당에도 상관이 업고 상하귀쳔을 달니 대접 아니한고 모도 조션 사람으로만 알고 조션만 위ᄒᆞ며 공평이 인민의게 말할터인ᄃᆡ 우리가 셔울 뷕셩만 위할게 아니라 조션 젼국인민을 위ᄒᆞ여 무슴일이든지 대언ᄒᆞ여 주랴홈...

우리신문이 한문은 아니쓰고 다만 국문으로만 쓰ᄂᆞᆫ 거슨 샹하귀쳔이 다보게 홈이라 또 국문을 이러케 귀졀을 ᄯᅦ여 쓴즉 아모라도 이 신문 보기가 쉽고 신문속에 잇ᄂᆞᆫ 말을 자세이 알어 보게 홈이라...

서재필 (1864~1951)

제1장

개화開化의
문턱에서 맛본 좌절

1864~1895

갑신정변 실패 후 일본으로 건너가
1885년에 찍은 사진이다.
김옥균은 일본에 남고, 세 사람은
같은 해 4월 미국 샌프란시스코로
건너가서 각기 다른 길을 걸었다.
박영효는 다시 일본으로 돌아오고,
서광범은 뉴욕으로, 서재필은 펜실베이니아로
건너가서 공부를 시작하였다.
1894년 김홍집 내각이 갑오경장을 추진하면서
이들은 역적 누명을 벗게 되었다.
왼편부터 박영효. 서광범, 서재필, 김옥균.

1864. 1. 7	부친 서광언과 모친 성주 이씨의 4남 1녀 가운데 2남으로 태어남. 출생지는 외가인 전남 보성군 문덕면 가천리, 본가는 충남 은진군 구자곡면 화석리.
1871(7세)	충남 대덕군에 살던 7촌 서광하의 양자로 입양됨. 양어머니의 요청으로 서울에 있는 외삼촌 김성근의 집에 들어가 과거 공부에 정진.
1882(18세)	과거시험 합격. 교서관 부정자(副正字)를 지냄.
1883. 5. 20	김옥균의 권유로 일본 유학. 게이오(慶應義塾)에서 일본어를 익힌 후 육군 도야마(戶山)학교에서 사관 훈련을 받음.
1884. 7	귀국.
1884. 12. 4	갑신정변에 가담. 김옥균 · 박영효 · 서광범 · 홍영식 등과 거사했으나 3일 천하로 실패하자 일본 화물선 치도세(千歲)를 타고 일본으로 망명.
1884. 12. 13	나가사키(長崎) 도착.

4형제의 둘째로 태어나다

서재필은 1864년 1월 7일 전라남도 동복군(同福郡: 지금의 寶城郡) 문덕면(文德面) 가천리(可川里)에서 태어났다. 음력으로는 1863년 11월생이 된다. 선대의 고향은 충청남도 은진군(恩津郡) 구자곡면(九子谷面) 화석리(華石里)였는데 당시의 풍습에 따라 어머니는 친정에서 서재필을 낳은 것이다. 태어날 무렵 그의 생부인 서광언(徐光彥: ?~1884)이 동복 군수로 부임해 있었으니까 그는 동복에서 유년 시절을 보냈을 것으로 여겨진다. 그가 몇 살까지 동복에 살았는지는 잘 밝혀지지 않는다. 다만 그 당시 수령의 법정 재임 연한은 대략 5년이었으니까 아버지와 함께 임지인 그곳에서 5세까지는 살았을 것으로 짐작된다.

서광언에게는 아들 재춘(載春: 1859~1888), 재필, 재창(載昌: 1865~1884), 재우(載雨: 1869~1905)의 4형제와 연일인(延日人) 정해은(鄭海殷)에게 출가한 딸이 있었다. 어떤 연유인지는 알 수 없으나 서재필은 5촌 당숙인 서광하(徐光夏)에게로 입양이 되었다. 그런데『대구서씨세보(大邱徐氏世譜)』에는 이 사실이 전혀 기록되어 있지 않고, 서광하에 관해서도 생몰 연대 없이 이름만 기록되어 있다. 서재필의 어머니는 성주(星州) 이씨 이기대(李箕大)의 다섯째 딸로서, 그 역시 명문으로 여러 대 동안 동복에서 살았다. 서재필의 외가는 이 일대에서 이름난 부호로서 4형제가 모두 이 외가에서 출생했다.

외가에서 태어난 서재필은 다시 본가로 돌아와 선대의 고향인 은진(恩津)에서 잠시 소년 시절을 보내다가 7세가 되던 해에 아버지의 권유로 서울로 올라갔다. 그의 아버지는 "넓은 바다에서라야 큰 생선이 마음대로 자랄 수 있는 것과 같이 사람도 사람이 많이 사는 문화 중심의 넓은 천지에 살아야만 될 수 있는 것이니 서울로 가라"고 말했다.

서재필은 서울에 와서 외숙인 김성근(金聲根)의 집에서 기거하였다. 김성근(1835~1918)은 안동인(安東人)으로서 판서를 지낸 김온순(金蘊淳)의 아들이었다. 그는 1873년(고종 10년)에 문과에 급제한 후 한림(翰林)·옥당(玉堂)·도승지·부제학(副提學) 등을 거쳐 이조·예조판서를 역임했고 대한제국 시대에는 탁지부(度支部) 대신에 이르렀는데 특히 서예가 출중하여 일가를 이룰 정도였다. 서재필은 외숙이 참판에 재직하고 있을 때 그 집에서 기숙했다. 서재필은 그의 주선으로 사숙(私塾)에 입학하여 한문 공부를 시작하였다. 사숙은 김성근의 사랑채였고, 스승은 그 댁의 문객이었다. 당시의 사숙이 대개 그렇듯이 학동들은『천자문』·『동몽선습(童蒙先習)』·『사기』·『사서』·『삼경』을 배웠다.

갑신정변이 일어나던 무렵의 광화문 앞 육조거리.
조선의 정치 · 행정의 중심가였다. 국가 여러 부문의
행정을 관할하는 관청이 광화문 앞길 양편으로 즐비하였다.
오늘날에 비하면 너무나 한산한 풍경이다.

개화기 서울의 서당. 서재필은 양 외숙부 김성근(전라남도 관찰사,
이조판서, 예조판서, 탁지부대신 역임)의 운현궁 근처 집에 차린
서당에서 한학을 공부했다. 김성근의 아들과 대여섯 명의 양반집
자제들과 함께 공부하였는데 그 가운데는 이완용도 있었다.

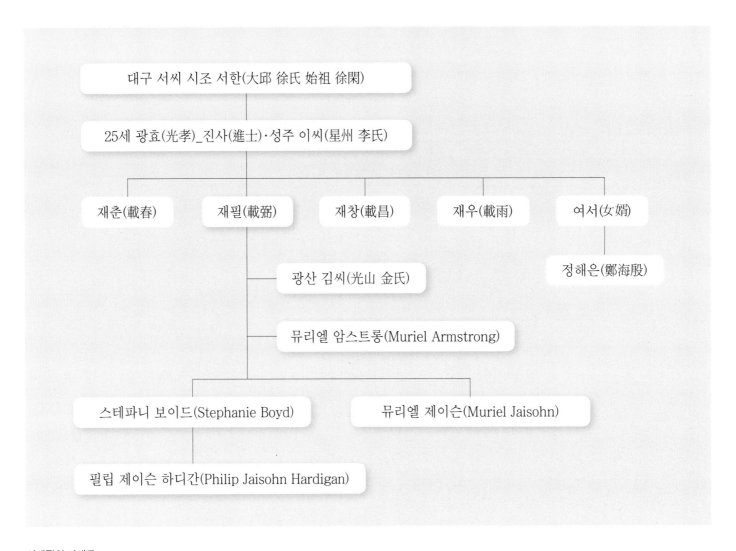

대구 서씨 시조 서한(大邱 徐氏 始祖 徐閑)

25세 광효(光孝)_진사(進士)·성주 이씨(星州 李氏)

재춘(載春) 　재필(載弼) 　재창(載昌) 　재우(載雨) 　여서(女婿)

정해은(鄭海殷)

광산 김씨(光山 金氏)

뮤리엘 암스트롱(Muriel Armstrong)

스테파니 보이드(Stephanie Boyd) 　뮤리엘 제이슨(Muriel Jaisohn)

필립 제이슨 하디간(Philip Jaisohn Hardigan)

서재필의 가계도.

서재필의 생가. 서재필은 1864년(철종 14년) 1월 7일
전라남도 보성군 문덕면 가내마을에 있는 외가에서 태어났다.

서재필의 친가. 충남 은진군 구자곡면 화석리에 있다.

개화파들과의 만남

개화승 이동인. 일찍이 개화사상에 눈을 떴고, 1881년 2월 통리기무아문(統理機務衙門) 참모관에 임명되어 개화파들에게 많은 영향을 주었다.

　서재필이 외숙 김성근의 집에 기숙하면서 학문을 연찬하는 동안 그가 얻은 가장 큰 소득은 당대의 선구적인 청년 지식인들을 만난 것이었다. 그 중에는 김옥균(金玉均)·박영효(朴泳孝)·홍영식(洪英植)·서광범(徐光範) 등이 있었다. 서광범과는 11촌숙(寸叔)의 관계였으니까 문중 모임에서 자연스럽게 만날 수 있었을 것이다. 그러나 그러한 만남 중에서도 가장 의미 있는 사건은 김옥균을 만난 것이었고, 이것이 그의 일생을 운명 짓게 된다. 서재필은 자신과 김옥균이 만난 인연을 이렇게 설명한다.

　"내 외숙 김성근이라는 이는 그때 벼슬이 판서에 이르렀고, 김옥균이는 나보다 열다섯 살이나 위인 연장인데 내 외숙과는 일가 간이 되어 가끔 놀러 왔었지. 나도 외손이지만, 외편으로 친척이니까 김옥균의 집에도 가끔 간 일이 있어 서로 알게 되었고, 또 내가 장원급제하였다고 치하도 하여 주고, 나를 끔찍이 알아주었기 때문에 서로 약간 가까워진 것이어서 그 관계로 박영효도 알았고, 서광범은 나에게 아저씨뻘이 되나 그 역시 김옥균과는 매우 친한 친구로 다녔어. 그때 내가 제일 나이가 어렸단 말이야. 그래서 나는 늘 그네들과 같이 다녔다."

　서재필은 자신보다 12세나 연상인 김옥균을 만나면서 꿈 많던 소년 시절과 청년 시절의 생각을 정리했다. 그는 진심으로 김옥균의 꿈과 야망을 존경했고 김옥균도 그에게 각별한 애정을 가졌음을 여러 가지 측면에서 엿볼 수 있다. 특히 서재필은 김옥균이 국가의 운명에 관하여 가지고 있던 꿈과 야망에 대하여 감수성이 예민한 청년으로서 매우 경도되어 있었다. 그는 김옥균을 이렇게 회상하고 있다.

　"나는 그(김옥균)가 대인격자였고, 또 처음부터 끝까지 진정한 애국자였음을 확신한다. 그는 조국이 청국의 종주권 하에 있는 굴욕감을 참지 못하여 어찌하면 이 수치를 벗어나 조선도 세계 각국 중에서 평등과 자유의 일원이 될까 주주야야(晝晝夜夜)로 노심초사하였던 것이다. 그는 현대적 교육을 받지 못하였으나 시대의 추이를 통찰하고 조선도 힘 있는 현대적 국가로 만들려고 절실히 바랐었다. 그리하여 신지식을 주입하고 일신(一新) 기술을 채용함으로써 정부나 일반 사회의 구투(舊套) 인습을 일변시켜야 할 필요를 확각(確覺)하였다."

임오군란으로 일본 공사관원들이 탈출하는 장면. 1882년(고종 19) 6월 9일 훈국병(訓局兵)들의
군료분쟁(軍料紛爭)에서 발단한 군란으로 실각했던 대원군이 다시 집권하게 되는 정변이다.
서재필이 별시 문과에 합격한(3월) 직후였다.

동대문 근처에서 바라본 개화기 서울 풍경.

18세에 과거 병과(丙科) 급제

서재필은 18세였던 1882년 음력 3월 22일에 실시된 알성시(謁聖試)에 응시하여 합격했다. 이 해의 과거는 중궁전(=閔妃)이 병후 쾌차한 것을 축하하기 위하여 왕이 친임(親臨)한 춘당대(春塘臺)에서 양반 자제들을 대상으로 실시한 별시(別試)였는데, 그는 이 시험에서 문과의 병과(丙科)에 합격했다. 이때 합격한 사람은 갑과(甲科) 1인, 을과 3인, 병과가 19인이었다. 서재필이 합격한 병과에는 여규형(呂圭亨), 이도재(李道宰), 민종식(閔宗植)이 포함되어 있었다. 여규형은 1년 후에 창간되는 우리나라 최초의 신문 〈한성순보〉의 제작에 참여하는 사람이고, 이도재는 서재필이 〈독립신문〉을 발행할 무렵에 신문발행을 관장하는 주무부서인 농상공부대신이었다. 민종식은 구한국 군대가 해산된 뒤에 의병 대장으로 항일 투쟁을 벌인다.

이 무렵이 바로 청년 개화파들의 교유와 결당(結黨)이 시작되었던 때로 보인다. 그들의 교유가 본격화된 것은 1877년경이었고, 그들의 만남이 교유의 차원을 넘어 결당의 모습을 갖춘 것은 1879년이었다. 그들이 혁명을 모의한 것은 1883년, 김옥균이 임오군란 직후 일본을 방문하여 그곳에 체류하면서 일본의 개화사에서 암시를 받은 때였다고 한다. 그리고 이들 결맹(結盟) 인사의 수효는 약 30명 정도였던 것으로 보인다.

박영효, 김옥균 등은 1882년 9월 12일(음력 8월 1일)부터 1883년 1월 6일에 걸쳐 수신사로서 일본에 파견되었다. 이들의 일본 방문은 조선에 대한 청나라의 종주권적 지위를 거부하고 일본 모델에 입각한 국가재건의 구상을 정립하는 데 있어서 중요한 계기가 되었다. 정사 박영효, 부사 김만식(金晩植)을 비롯하여 서광범(徐光範), 민영익(閔泳翊), 김옥균 등으로 구성된 수신사 일행은 수신사로서의 임무를 다하는 한편, 일본 주요 인사들과의 폭넓은 접촉을 가지면서 일본의 정세변화를 관찰할 기회를 가졌다.

서재필의 과거 합격이 기록된 『국조방목(國朝榜目)』. 서재필은 1882년에 과거(文科 別試)에 합격하였다. 그러나 갑신정변에 가담한 대역죄인이 되었다 하여 그의 이름이 지워져 있다. 합격자는 23인이었는데, 서재필이 합격한 병과(丙科)에는 여규형, 이도재, 민종식이 포함되어 있었다.

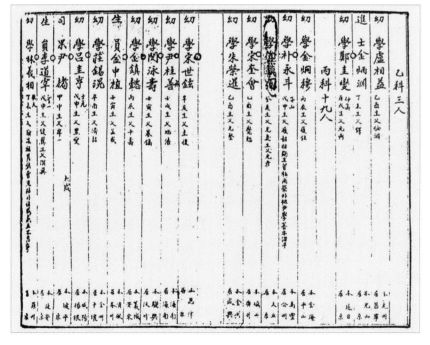

청일전쟁 당시 일본군의 인천상륙. 1894년 9월 9일 약 1천 명의 일본병사를 싣고 온 일본 군함은
인천항 2마일 바깥에서 닻을 내렸다. 중무장한 일본군의 장비는 최신식이었다.
영국군대와 비슷한 신발을 신었으며 여벌의 군화까지 갖추고 있었다.
배낭은 프러시아 보병이 흔히 메는 것처럼 생겼고, 탄창이 달린 장총으로 무장했다.
작은 배 위에서 일본군대의 상륙을 지켜보고 있는 두 사람은 조선의 관리인 듯하다.
흰 도포자락을 늘어뜨린 채 담뱃대를 물고 있는 모습이 대조적이다.
서재필은 이보다 10년 전에 일본 육군 사관 훈련을 받은 적이 있었다. Illustrated London News, 1894. 11. 3.

조병식의 행차. 주한 미국총영사 롱(Charles Chaille Long)이 1887년에 촬영한 사진을 보고 그린 그림이다. 당시 조병식의 나이는 65세로 정중한 노신사였다는 인상기를 쓰고 있다. 조병식은 1887년 9월 통리아문 독판 (오늘의 외교통상부 장관)에 임명되어 이듬 해 9월까지 1년간 재임했고, 10년 뒤인 1897년에 잠시 외부대신을 맡은 적이 있으며, 1902년과 1904년에도 짧은 기간 외교문제를 담당했다. Illustrated London News, 1894. 9. 1.

외국어 교육기관 영어학숙 설립

수신사 박영효 일행이 귀국한 날은 1883년 1월 6일이었다. 정부는 그로부터 6일 후인 1월 12일에 이전의 통리기무아문(統理機務衙門)을 통리교섭통상사무아문(統理交涉通商事務衙門)으로 개편하면서 이튿날인 13일자로 그 산하에 동문학(同文學)을 설립하였다. 열강 여러 나라와 수교를 시작하면서 서양 외국어를 할 수 있는 인재가 필요하였고, 외국어 교육을 담당할 부서로 동문학을 설립한 것이다. 동문학은 〈한성순보〉의 발간도 담당하였는데 외국어 교육기관 영어학숙(英語學塾, 또는 동문학교로도 불렀다)은 7월에 개설되었다.

외교사절들을 위한 만찬. 통리교섭통상사무아문 독판 조병식이 베푼 이 만찬에는 외국에서 온 손님들 사이에 통역과 기생들이 끼어 앉았으나, 식사가 끝난 뒤 담소를 나누는 시간에는 기생들이 물러났다. 만찬 후 정원에서는 줄타기와 여덟 명 무희들의 춤을 보여주었다. Illustrated London News. 1894. 9. 1.

교사로는 영국인 할리팩스(奚來白士: T. E. Hallifax)를 초빙하여 15살 이상의 총명한 생도를 모집하여 영어를 가르치기 시작하였다. 후에 〈황성신문〉의 초대 사장이 되는 남궁억은 이 영어학숙의 첫 입학생 가운데 한 사람이었다. 교사 할리팩스는 일본어까지 할 수 있는 인물로, 학술도 있어서 교수 방법이 좋았으므로 생도들이 발전 일로에 있었다. 학생 수는 29명이었고, 통리아문에서 국비로 교육하는 기관이므로 기숙사에 기거하도록 하면서 음식과 연료, 촛불을 지급하고 책과 서양의 필기도구도 무상 지원하였다. 다만 붓글씨를 쓰기 위한 종이와 필기도구만 자비부담이었다. 당시로서는 최상의 대우를 받는 교육환경이었으며 학생들은 밤낮 없이 공부에 열중하여 태만 하는 자가 없었다.

여기서 공부한 학생 가운데는 관에 임용되거나 전국(電局)에 파견되어 겸임으로 학습하는 학생도 있었다. 남궁억은 성적이 가장 뛰어난 수석 우등생으로 선발되어 관리로 임명되었다. 그는 독일인 총세무사 묄렌도르프(Paul George von Möllendorff; 穆麟德) 밑에서 견습생(또는 번역관)으로 근무하였다.

必約其利息第五款本社有餘利則以之支辦費用餘以分與該員購求原材者焉　一曰器械會社農工各業欲善其事
先利其器而貧人賤工旣無資本無由得之故此輩相約出力共買器械輪回使用其利不可勝言如德國剌印字露李生
州有農者二十六人共創是社買來打麥器械二個價爲四千五百圓其一於二十二村一百二十四日間使用之其一於
若干村一百零三日間使用之得其工價二千零七十六圓自其內減其使用費九百四十九圓五十錢而仍所利爲一千
一百二十六圓五十錢云　一曰共需會社其規例第一款該員納錢於本社以爲資本購求物品其不足者自本社貸於
富人第二款本社亦有役員自鹽炭油酒米麥等物以至一應凡百需用物品並購用之而該員有購求者自本社必加其
原價取若干利而買與之始雖若易終必有利第三款該員之購求物品者必令直償其價値不然則計以利子第四款本
社有餘利則一以支辦費用一以爲豫備金餘則分與諸員第五款分與諸員時照其納錢於本社之多少與購求物品之
多寡焉英德兩國無論貴賤貧富以其利大用溥皆入此社內云　一曰共業會社向於一千八百五十二年法國有木工
一十七人相合結該社而本錢則以其日日所得工價十分之一納於該社以爲資本專建造家屋不敢費於他處而該
社隨以興旺迨至一千八百六十年該員爲一百零七名資本合計六萬七千五百元於是城中家屋之華美者率皆此社
會員之所成也又於英國有設共業會社者富人各納若干錢於該社以爲一工之業而其工人必令納若干錢於本社共
爲該員而給工價如他人例惟分其本社餘利於該員之時必三分焉一爲本錢之利一爲豫備之資餘則賞與工人傭夫
之勸幹者故莫不勸勉勤業日趨盛大此亦富强家國之一法歟

英語學徒近況　通商衙門設有同文學英語學塾募集生徒昨年七月請來英人奚來百士爲教師兼通日語且
有學術教校得宜生徒漸有進益現額爲二十九人而都講時或有稍[illegible]優等者自本衙門備給飯菜薪水及燈燭仍使之
寄宿塾中無一遊學者紙筆墨生徒自辦而書本及西國紙筆自衙門備給故晝夜攻苦一無懈意其教學規例諸生徒分
半焉半則午前教之半則午後教之一日教長語短語及文字解用變通之義一日不教長語只教短語繼以西國筆笄日
漸長進將[illegible]泒遣諸處以廣其耳目也

撮影局　昨夏苧洞前虞候金鏞元設撮影局請日本人本多修之輔開局今春麻洞前主事池運永亦自日本學
其術而來並稱精巧矣

長春社　城內若干人各合本錢造釀美酒販賣內外有新刊條例一冊規度整嚴開貨未久出口者已數百瓶云

廣印社　城內又有廣印社各合錢財另設一社將次板出書籍以之規圖商利裨益昌明矣

三

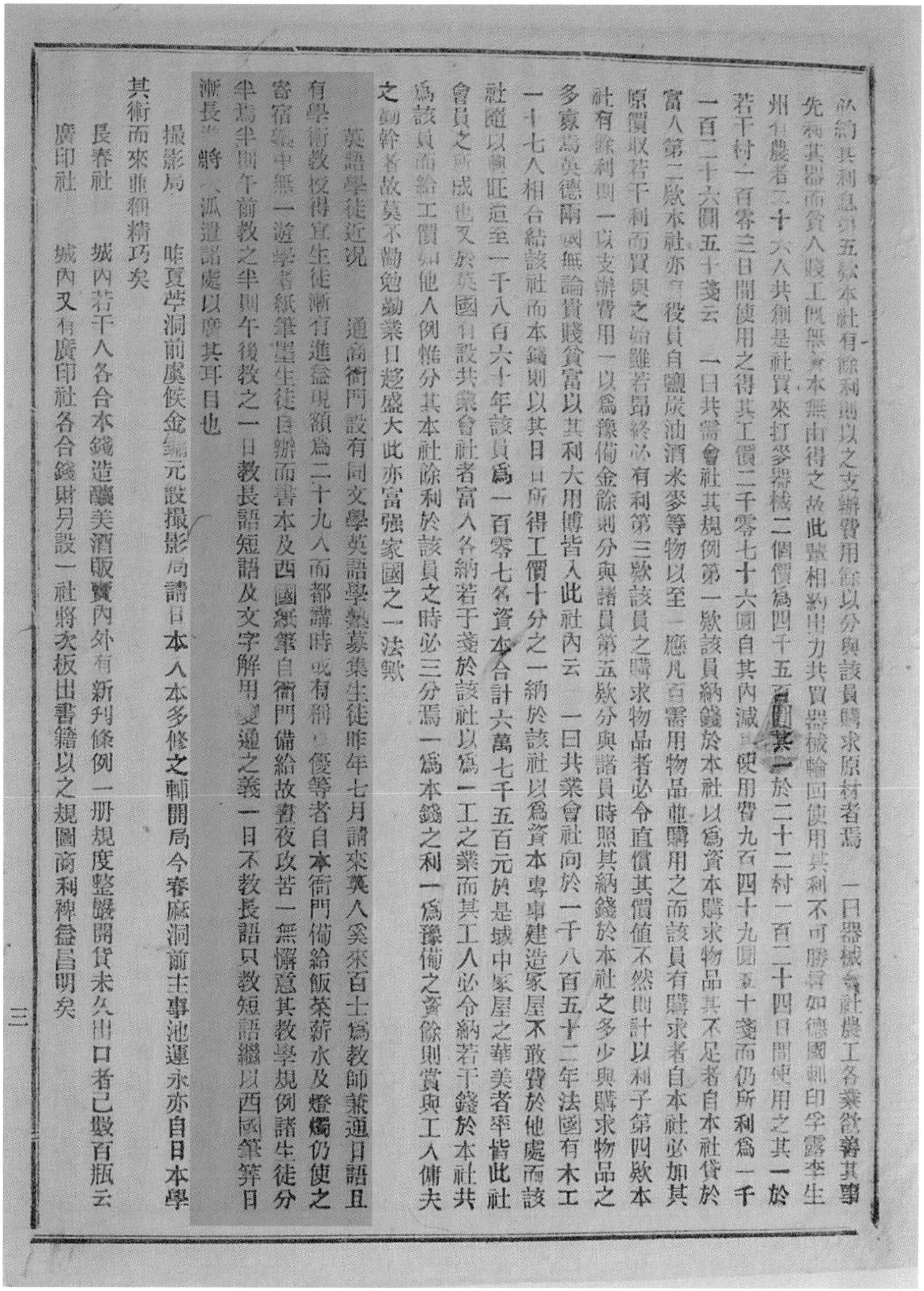

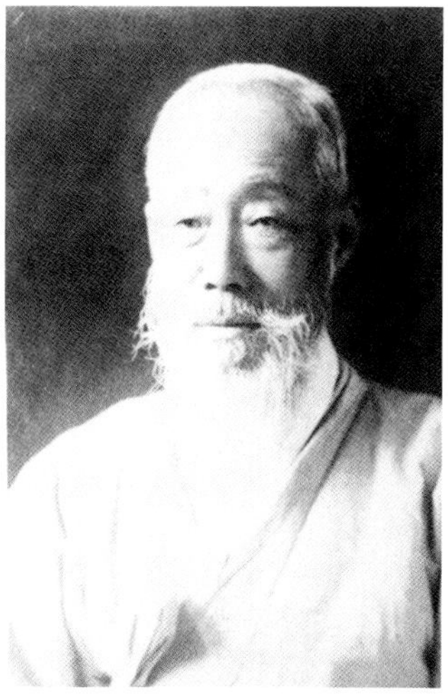

남궁억. 영어학숙의 첫 입학생.
<황성신문> 초대 사장.

서양 여러 나라와 수교하면서
영어의 필요성이 제기되자
조선정부는 영어학숙을 세워
국비로 영어를 가르쳤다.
이를 보도한 <한성순보>
1884년 3월 18일자.

〈한성순보〉 발간

국내 최초의 신문 창간 작업도 동문학이 맡아 이때에 진행되었다. 일본에서 돌아온 박영효는 한성판윤에 임명되면서 고종의 승인을 받아 한성부, 오늘의 서울시에서 신문 창간을 준비하기 시작했다. 그러나 신문이 창간되기 전에 박영효가 광주유수(廣州留守)로 떠나고 말았다. 그래서 신문 발간 업무가 일시 중단되었다가 8월 17일에 동문학의 산하기구로 박문국(博文局)을 설립하여 신문발간 작업을 이관하여 〈한성순보〉는 1883년 10월 31일(음력 10월 1일)에 창간되었다.

영어교육, 신문발간과 함께 정부는 일본에 군사교육을 받을 유학생을 파견하였다. 김옥균은 귀국 직후 박영효, 유길준 등과 협의하여 도쿄(東京)에 문무(文武) 유학생 200명을 파견하여 3년간 신문물을 습득케 한다는 계획을 세웠고, 그에 따라 일본으로 보낼 유학생 선발과 제반 개혁구상을 추진했다. 김옥균은 1883년 4월 22일에 동남제도개척사(東南諸島開拓使) 겸 포경사(捕鯨使)에 임명되었다. 유학생의 인선은 동남제도 개척 및 포경을 통해 개혁정책을 추진할 재정을 확보하려고 했던 그의 구상을 고종과 민비 등 왕실이 받아들인 결과였다. 김옥균은 이 재정기반을 바탕으로 학생 수십 명을 선발하여 일본에 유학 보내 서구의 과학과 기술을 연구하도록 하는 방안을 고종에게 건의하였고, 고종은 이를 허락했다.

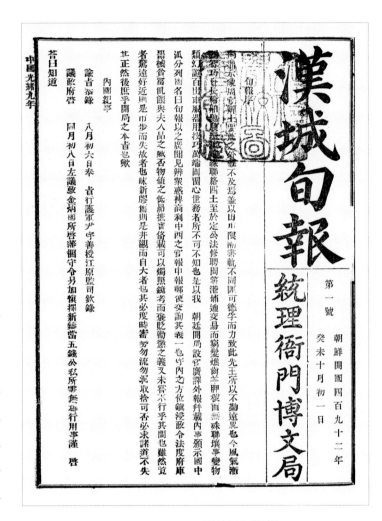

〈한성순보〉 창간호.
정부기구인 통리아문 박문국에서 1883년 10월 31일(음 10월 1일)에 창간하여 열흘 마다 한 번씩 발행한 순한문 신문이다.

이처럼 박영효와 김옥균 등은 그들의 방일 경험을 통해, 임오군란 이후에 점증되는 청국의 영향력 강화에 대한 대안으로 일본식 국가모델을 구체화하였다. 그 핵심적인 과제의 하나로 일본식 군사체제의 수용 및 유학생의 파견을 통한 사관 양성에 착안하여 이를 적극적으로 추진하기 시작하였다. 이리하여 김옥균 등은 뜻있는 청년들을 찾아 일본으로의 군사유학을 권유하기 시작하였는데, 서재필도 그 중의 한 명이었다.

박영효는 귀국 직후인 1883년 1월 7일 한성판윤에 임명되었다가 4월 23일에 광주유수로 전직되었다. 그는 광주유수로 재직하면서 광주부의 병사 수백 명에게 신식 군사훈련을 실시했다.

서울근교에 세워진 일본군 개선문.
서울 주둔 일본군은 8월 1일 선전포고와 동시에 청국군이 주둔하고 있던 충남 아산으로 진격했다.
청국군 5천 명은 서울에서 남하한 일본군과 싸웠으나 패배했다. 승리한 일본군은 개선문에 태극기와
일본기를 교차하여 걸어두고 전승을 축하했다. Illustrated London News, 1894. 11. 17.

일본 군사교육 유학생으로 뽑히다

서재필은 1883년 5월 국비유학생으로 선발되었다. 군사교육을 받을 일행은 17명이었다. 일행 17명은 5월 12일 나가사키(長崎)에 도착했다가 5월 20일에는 도쿄로 올라갔다. 이들은 〈한성순보〉 발행을 돕기 위해 박영효를 따라 서울에 왔던 〈시사신보(時事新報)〉 기자 우시바 다쿠조(牛場卓造)의 인솔 아래 일본으로 갔다. 우시바는 조선정부가 추진했던 신문의 창간에 참여하지 않은 채 도쿄로 간 것이다.

서재필 일행은 우선 후쿠자와 유키치(福澤諭吉)가 세운 게이오의숙(慶應義塾)에서 일본어를 공부한 후에 도야마(戶山)학교에 입학하게 되었다. 군사훈련을 받을 조선생도는 17세에서 25세의 청년들로 구성되었는데 서재필이 대표자였다. 일본 외무경 이노우에 가오루(井上馨)가 작성한 1883년 9월 4일자 명단과, 10월 18일에 육군경 대리 야마가타 아리토모(山縣有朋)가 작성한 명단에는 14명의 이름과 나이가 기록되어 있다. (일본으로 건너갔던 훈련생은 17명이었으나 3명은 명단에 들어 있지 않다.)

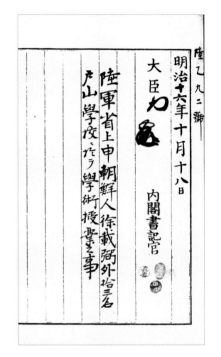

서재필 외 13명이 일본 육군 도야마
학교에서 학술수업을 받는다는 문서.
1883년 10월 18일.

사관학술	徐載弼(21)					
하사학술	申應熙(24)	林殷明(24)	鄭行徵(24)	申重模(20)	白樂雲(21)	李秉虎(17)
	李建英(21)	李奎完(22)	尹泳觀(17)	鄭蘭教(20)	朴應學(25)	河應善(18)
	鄭鍾振(19)					

이들의 명단은 10월 8일자 〈시사신보〉에도 실려 있다. "조선국 정부의 의뢰에 의해 이번 육군사관 및 하사의 학술전습을 위해 본월 3일부터 도야마학교에 통학하는 것을 허락받았다"는 것이다. 유학생들은 이미 9월 초의 시점에는 도야마학교에의 입학을 외무성이나 육군성에 신청했으며, 9월 12일에 육군성으로부터 입학허가가 정식으로 내려져 10월 3일부터 도야마학교 통학이 시작되었다.

이 기사와 일본 자료에 의하면 서재필 한 사람은 사관생도 과정의 교육대상자였고, 다른 13명은 하사관 과정으로 나뉘어 교육을 받게 되었다. 이는 과거에 합격하여 이미 조선의 문관으로 근무하고 있었던 서재필의 경력을 일본 측이 감안한 조치였다. 이리하여 서재필은 다른 13명의 평민출신 생도들과 함께 일본 도착 4개월여 만에 일본 육군의 도야마학교에 입학하여 정규 사관 및 하사관 교육을 받게 되기에 이르렀다.

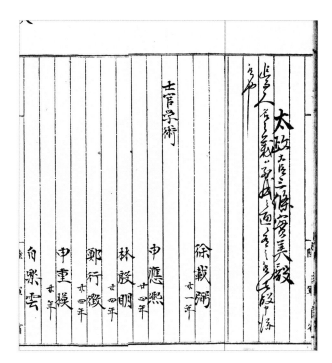

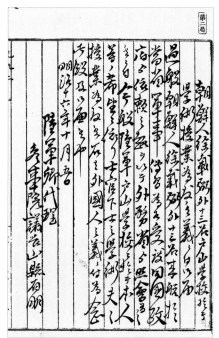

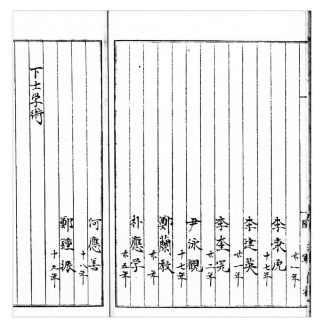

조선인 교육생 명단.
일본 육군경 대리 야마가타 아리토모가
태정관대신에게 보낸 문서.
서재필을 비롯하여 조선인 훈련생들의 명단과
연령이 기재되어 있다. 1883년 10월 5일.

조선인 최초의 사관생도

서재필 외 13명의 생도들은 이 학교에서 어떤 군사교육을 받았을까. 관련 자료에 따르면 도야마학교 측은 서재필 일행에게 사관 및 하사관 과정을 불문하고 이론교육에 해당하는 학과에서 유연체조, 노상측도(路上測圖), 보병조전(步兵操典), 사적교정(射的教程), 야외연습 궤전(軌典), 임시 축성학의 교과목을 핵심부분 중심으로 강의하였다. 실기교육에 해당하는 술과(術科)에서는 유연체조, 기계체조, 생병(生兵) 제1부 및 제2부, 독립사격 등의 실기를 교육했다.

서재필 일행은 '독립사격'이란 실기교육을 받고 있는데, 이는 개인화기인 소총의 분해 결합 및 사격술을 망라하는 내용의 교육이었을 것이다. 특히 서재필 일행은 1879년에 일본 육군이 군용 총으로 정식 채택하여 1882년 10월부터 전국 진대에 배포하기 시작한 무라타총(村田銃)을 사격교육의 주교재로 사용하였음을 확인할 수 있다. 무라타총은 도야마학교의 교관을 역임하기도 했던 무라타 쓰네요시(村田經芳)가 메이지(明治) 초기 일본 국내에 범람하던 여러 구미(歐美) 소총의 장단점을 분석하여 일본 군내 소총의 통일화를 기하기 위한 목적으로 제작한 후장식(後裝式) 강선(腔線)소총으로, 당시 일본이 세계 제일의 성능을 가졌다고 자부하던 것이었다.

이 총이 1883년 7월 도야마학교에 180정이 배부되었고, 서재필 일행은 소총의 분해결합이나 사격훈련 때 무라타총을 주교재로 사용했던 것이다. 그런 의미에서 서재필 일행은 당시로서는 최첨단의 개인화기에 최초로 접한 군사교육생이기도 했던 셈이다.

서재필 등 조선의 군사유학생 14명은 8개월 간의 교육과정을 마치고 1884년 5월 31일 도야마학교를 졸업했다. 서재필 일행의 군사유학은 개항 이후 조선정부가 추진해온 부국강병 정책의 연장선상에 위치해 있다.

특히 무라타총을 사용한 개인화기 훈련과 6주 동안의 야전연습 및 행군훈련 등은 이전의 조선 군인으로는 누구도 경험하지 못한 최고 수준의 군사교육이었다. 서재필은 실질적으로 해외유학을 통해 근대적 군사교육을 이수한 조선 최초의 사관생도였던 셈이다.

후쿠자와 유키치. 근대 일본의 계몽가·교육가. 서재필은 그가 세운 게이오의숙에서 일본어를 공부했다.

일본 육군 도야마학교의 복장.
서재필의 유품인 이 사진은
군사 학술교육을 받던
당시 복장으로 추정된다.

서재필이 일본 육군 최신 무기
무라타총(村田銃)으로 훈련을 받았다는
사실을 기록한 1884년 6월 23일자 일본 문서.

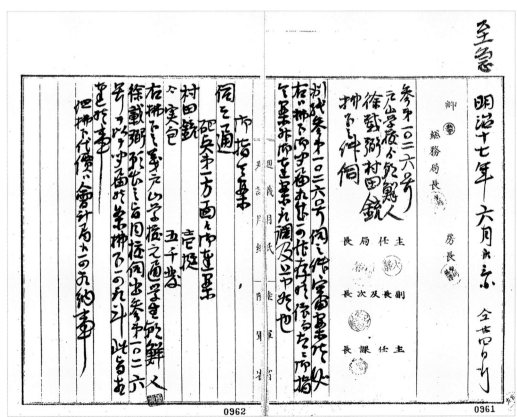

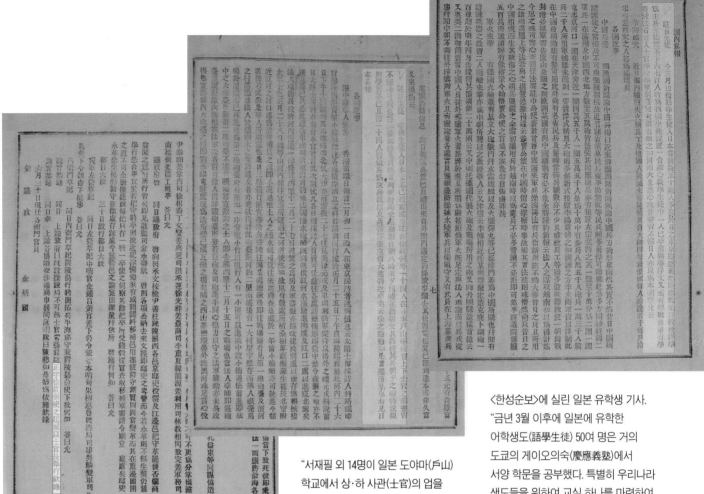

고종은 정부에 유시하기를 "이미 조련국
(操鍊局)을 개설한 이상 훈련을 쌓는
사관이 없어서 안 될 것이니 전 부정자
(副正字) 서재필을 다시 기용하여
사관장의 일을 행하도록 하라"고 하였다.

"서재필 외 14명이 일본 도야마(戶山)
학교에서 상·하 사관(士官)의 업을
익히면서 밤낮으로 노력하고 있다니
좋은 현상이다. 특히 서재필은 원래
귀족신분으로 수업에 열중하여 아침
8시부터 저녁 4시까지는 교장(敎場)에서
가르침을 받고 그 밖의 아침저녁으로
규칙적인 생활로 학습에 전념하고
있으며 또 일행인 14명에게도 다 자기가
하는 대로 하도록 권장하고 있다고 한다.
그리하여 군사기술부터 병서(兵書),
산술(算術)에 이르기까지 모두 큰
진전을 보고 앞으로 곧 졸업할 것이라고
한다. 서재필이 그렇게까지 노력한다니
참으로 보기 드문 일이다. 이상은 일본의
각 신문에 게재된 것이다. "
〈한성순보〉 1884년 4월 6일.

〈한성순보〉에 실린 일본 유학생 기사.
"금년 3월 이후에 일본에 유학한
어학생도(語學生徒) 50여 명은 거의
도쿄의 게이오의숙(慶應義塾)에서
서양 학문을 공부했다. 특별히 우리나라
생도들을 위하여 교실 하나를 마련하여
성심껏 지도한 바, 생도 중의 1명은
이미 졸업하고 양문과(洋文科)로
전학하였다. 또 이중에는 세무(稅務)를
배우거나 혹은 양잠법을 배우는 자도
있고, 사관학교에 들어가 군제(軍制)를
배우는 자도 있으니, 장래의 성취는
알 수 없으나 거의가 온갖 노력을 다하여
밤낮으로 게을리 하지 않으므로 일본
사람들도 우리나라 생도를 높이
평가하고 있다."
1883년 12월 20일자.

사관장에 임명된 서재필은 1884년 10월 10일 고종이 보는 앞에서 열병식을 가졌다.
주한 일본 공사관에서 일본 외무경 이노우에에게 1884년 10월 17일 보낸 보고서.

실패로 끝난 갑신정변

사관장이 된 서재필은 귀국 후 사관생들을 이끌고 왕에게 열병하는 경우도 있었다. 그로부터 몇 달 뒤인 1884년 12월 4일(음력 10월 17일) 개화당은 홍영식(洪英植)이 총판으로 있던 우정국 낙성식 축하연을 계기로 정변을 일으켰다. 서재필도 이에 가담하였다. 하지만 정변이 실패로 끝이 나는 바람에 박영효, 김옥균, 서광범, 서재필, 변수(邊燧) 및 사관생도 4명과 함께 일본으로 망명하였다.

그들은 인천으로 가서 그곳에 정박 중인 일본 선박 치도세마루(千歲丸)에 몸을 피할 수 있었다. 일행은 12월 11일 인천을 출항하여 13일에 나가사키에 도착하였다가 다시 요코하마(橫濱)로 향했다. 일행 중 김옥균은 일본에 지면(知面)이 많아 그곳에 망명코자 했으나 박영효, 서광범, 서재필은 이곳에서의 망명의 어려움을 알고 미국으로 가기로 결심했다. 서광범과 박영효는 글씨를 써서 팔았고, 서재필은 조선으로 들어가기 위해 준비하던 선교사에게 한국어를 가르쳐 주며 3개월 동안 90엔을 벌어 미국행 여비를 마련했다. 서재필 등 3인은 1885년 4월에 미국 선적 차이나(China)호를 타고 요코하마를 떠난 지 약 2주일이 지난 4월 하순경 샌프란시스코에 도착하여 미국 망명생활을 시작했다.

개화파 일행들의 전기(前期) 활동은 이와 같이 비극적인 실패로 끝났다. 홍영식과 대부분의 사관생도 출신 무관들은 현장에서 참살되었으며, 망명한 무리들에게도 사형이 언도되었다.

서재필의 가족은 소위 '3족 멸문지화'(三族 滅門之禍=친가, 처가, 외가가 참화를 당하는 형벌)를 당했다. 서재필의 경우 아우 서재창은 참형(斬刑)을 받았고, 아버지 서광효는 11월 2일에 죽었다. 그의 어머니 성주(星州) 이씨와 아내 광산(光山) 김씨가 이듬해 정월 12일, 같은 날에 죽은 것으로 보아 비명횡사한 것이다.

서재필은 나중에 조선역사상 갑신정변과 같은 혁명은 없었다고 회고하고, 그것이 실패한 이유로 두 가지를 들었다. 첫째, 일반민중의 지지가 부족했다는 것이다. 동서양을 막론하고 조직되고 훈련된 민중의 지지가 없이 다만 몇몇 선각자들만으로 성취된 혁명은 없었다는 것이다. 둘째, 남에게 의존하여 일을 도모했기 때문이었다고 했다. 즉 자기 자신이 아닌 다른 나라(일본)에 의존했다는 것이다.

일본 공사 다케조에 신이치로 (竹添進一郎). 김옥균 등이 일본 공사에게 지원을 요청하자 밤이 깊은 때에 병사를 거느리고 와서 고종을 호위하였다.

개화파 일행의 미국 방문. 앞줄 오른쪽 두 번째부터 서광범, 민영익, 맨 왼쪽이 홍영식.
뒷줄 왼쪽에서 네 번째는 유길준. 중간 기착지인 일본에서 1883년에 찍은 사진이다.

갑신정변의 거사 장소였던 우정국. 서울 종로구 견지동 조계사 옆.

갑신정변 당시 주한 미국공사
푸트(Lucius H. Foote).

갑신정변의 주역들.
위로부터 김옥균 박영효 서광범.

'개화 조선의 첫 봉화'라는 제목으로 50주년을 맞은 갑신정변의
의미를 재조명한 기사. 〈조선일보〉 1934년 12월 4일.

불길에 휩싸인 박문국.
갑신정변이 실패로 끝나자 수구파가 박문국에 불을 질렀다.
개화파들이 일본과의 긴밀한 유대로 〈한성순보〉를
이곳에서 발행했다는 이유에서였다.
일본 화가가 10년 후에 그린 상상화.
일본 〈풍속화보〉 1895년 1월 임시 증간호 표지.

갑신정변 당시의 개화당과 일본군,
그리고 청국군의 작전도.

친필 서명이 적힌
서재필 사진.

A Few Recollection of the 1884 Revolution
회고 갑신정변

서재필 박사 수기 | 변영로 역 | 〈동아일보〉 1935. 1. 1~2. 2회 연재

1

조선 역사상에는 정치적이나 사회적 '개혁'을 위한 혁명은 드물엇다. 이조 오백년간을 통하야 갑신년 12월의 정변 같은 예를 나는 다시 듣지를 못하엿다. 1392년 이태조와 913년 왕씨의 혁명(?)과 自 4세기 至 10세기간 삼국의 동족 살벌적 병화가 부절하엿는바 그것은 일종의 정권쟁탈전이엇고 민중의 경제적, 사회적 복리를 위한 것은 아니엇다. 그런데 갑신정변도, 다른 나라의 혁명과는 달러서 피압박 민중의 분기로 된 것이 아니고, 그 당시 특권계급의 몇몇 청년의 손으로 된 것이엇다.

다만 아래의 두 경우가 혹사(酷似)할 뿐이다. ---즉 1215년 영국의 귀족들이 존왕을 강박하야 러니미카드야(野)에서 그 유명한 대헌장(마그나카르타)에 서명케 한 것과, 1867년 살마(薩摩; 사쓰마), 장주(長州; 조슈), 토좌(土佐; 도사)의 '대명(大名; 다이묘)'들이 최후 '장군(將軍; 쇼군)'의 왕후적(王侯的) 권력을 빼아서 판적봉환(版籍奉還)을 하게 한 것이다. 갑신년 조선의 개혁운동자들은 의심할 것도 없이 이상 두 전례에서 영감을 받엇든 것이다. 영국이나 일본인 귀족과, 조선민족 간의 차이는 다만 전 2자는 성공한 것이고 후자는 실패한 것뿐이다. 그런데 조선귀족 실패의 근본적 원인은 둘이니 하나는 일반민중의 성원(聲援)이 박약한 것이엇고 또 하나는 너무도 타에 의뢰하려 하엿든 것이다.

갑신개혁에 대한 나의 회상을 적기 전에 조선역사상 이 기억할만한 사건을 서술하려한다. 일본의 외교사절이 조선에 도래하기 전에 기년간 멧멧되는 조선의 지식분자는 일본을 왕래하야 일어를 능통하는 총혜(聰慧)한 일 승려(僧侶)를 통하야 일본과의 비밀한 통신을 하엿었다. 그 중은 일본에서 구미 문명에 관한 다수한 서적을 가저왔다. 그리하야 그네들은 그 가저온 서적들을 탐독함으로써 조선이란 울을 버서난 밧갓 세상에서 되어가는 일을 차츰차츰 알게 되엇다. 이 젊은 지식분자 일단의 지도자는 고 김옥균이엇엇다. 그는 상당한 학자이엇을 뿐만 아니라 그 외에도 다재다능한 인물이엇고 나히도 제일 만엇엇다. 그는 정적들에게 허다한 비방을 듣긴 하엿으나 나는 그가 대인격자이엇고 또 처음부터 끗까지 진정한 애국자이엇음을 확신한다. 그는 조국이 청국의 종주권하에 잇는 굴욕감을 참지 못하야 어찌하면 이 수치를 버서나 조선도 세계 각국 중에 평등과 자유의 일원이 될가 주주야야로 노심초사하엿든 것이다. 그는 현대적 교육을 받지 못하엿으나 시대의 추이를 통찰하고 조선도 힘 잇는 현대적 국가로 만들려고 절실히 바랏엇다. 그리하야 신지식을 주입하고 일신기술(一新技術)을 채용함으로써 정부나 일반사회의 구투인습을 일변시키여야 할 필요를 확각(確覺)하엿다. 그는 구미의 문명이 일조일석의 것이 아니고 열국간 경쟁적 노력에 의한 점진결과로 기다(幾

多) 세기를 요한 것이겟는데, 일본은 한 대 동안에 그것을 달성한 양으로 깨다럿다. 그리하야 그는 자연히 일본을 '모델'로 치고, 조선을 개혁시킴에 그의 우의와 조력을 정하려 백방으로 분주하엿든 것이다. 그는 몇 해 뒤에 당시 일본의 유수한 정객들과 면담한 이야기를 나에게 하엿다. 서향융성(西鄕隆盛; 사이고 다카모리)의 제(弟)인 서향종도(西鄕從道; 사이고 쓰구미치)를 만낫드니 정한(征韓)을 주창한 자기 형의 생각이 그릇되엇다고 말하드란 것도 나는 이제 기억한다. 일한 양국의 이해휴척(利害休戚)은 어느 의미로 보아 순치(脣齒)의 관계인즉 일본은 의당히 한국의 선린이 되어야만 한다고 종도(從道; 쓰구미치)는 말하엿다 한다. 그리고 당시 육군대신이든 대산암(大山巖; 오오야마 이와오)은 한국이 어느 강대세력에 피점이 됨은 일본 자체에도 일대 위혁인즉 한국도 정예한 육군을 양성시키어 아국(俄國)이나 청국의 침략이 잇는 경우에는 일본과 공동전선을 버프러 대항하여야 할 것을 원망(願望)하엿다 한다. 또 그리고 이등박문은 한국이 일본의 일부분이나 되는 것처럼 외세침략을 받을 때는 보호할 것이라고 말하엿다고 한다. 이상의 모든 친절한 여사(麗辭)들이 당시 그 젊은이들 귀에는 솔긋하엿을 뿐만 아니라 적지 안케 고무까지도된 것이다.

김옥균은 방가(邦家)의 빈약함이 전연히 일반민중의 기술적 교육이 없는 것과 상류계급 인사들의 무지와 몰각에 잇는 것을 확각하엿엇다. "우리나라를 구하자면 민중을 교육시키는 외에는 타도(他道)가 없다"고 그는 입버릇같이 나에게 갓금 말한 것을 나는 이제와서 기억한다. 이미 노휴한 자는 교육시킬 도리가 없어 그는 오즉 청년에게 실올 같은 희망을 빗그러맷든 것이다. 그는 정부부내에 고관의 지위에 처해 잇으면서도 조정에 실세력은 없었다. 일본정부와의 제휴를 주장하고 일본의 유신을 조선개혁의 모델로 삼으려는 태도로 하야 그는 고종께는 일개의 Resona Non Grata(不緊한 손)이엇든 바 민후(閔后)께는 더욱 그랫엇다. 하여간 그의 찬연한 인격으로 종말에는 고종께 알현할 기회를 얻어 남모르는 사이 거듭하기 여러번이엇다. 고종께서는 얼마동안은 그를 조케 생각하시어 그의 개혁안에도 찬의를 표하시엇지마는 미구에 태도를 또 변하시엇다. 그러나 태서의 모든 과학과 기술을 연구토록 약간 명의 학생을 일본으로 보내는 허가는 얻어 사십인의 학생이 동경(東京)으로 부(負)하엿다.

이 학생들의 바로 도동(渡東)하기 전 나는 서광범을 개(介)하야 김옥균을 맛낫는데 그때 김씨 외에 홍영식, 박영효와 이제 와서는 기억조차도 할 수 없는 몇몇의 지명지사(知名之士)들과 알게 되엇다. 누구누구하여야 나에게 제일

강한 인상을 끼친 이는 김옥균이엇다. 그의 서(書)와 평문은 물론이고 사죽(絲竹)에 이르기까지 통하지 안은 데 없는 그 높은 재치는 나를 사로잡지 안코는 마지아니하엿다. 나는 그에게 십여년 연하이엇으므로 그는 나를 늘 동생이라고 하엿다. 하로는 그가 나에게 국방을 충실히 하자면 정예한 군대밖에 없는데 현하 우리의 급무로 그 우에 출(出)할 재 무엇이냐 하며 일본을 건너가 무예를 배호라고 권하다. 나는 언하에 승낙하고 불출기일(不出幾日)하야 십오인의 다른 학생들과 일본으로 향하엿다. 그리하야, 우리학생 일행은 호산(戶山)학교에 입학되엇는데 처음 기삭(幾朔)간은 멧해 뒤인 갑신년 12월 통에 피살된 '가넥고'라 위명하는 사람을 통역자로 두지 안을 수 없엇으나 얼마 아니 되어 우리는 그를 해고시킬만큼 일어를 능통하게 되엇다. 우리는 그 호산학교에 2년 이상을 잇엇는데 그때 김옥균은 축지(築地)라고 하는 동경 땅 한끝에 사럿다. 그는 주일 한국공사는 아니엇으나 일본의 관리들과 일본에 파견된 외국사절들에게 외교적으로 상당히 친밀한 교유를 하엿든 것이다. 매 일요(每日曜)이면 우리는 반드시 그를 축지 우거로 심방하엿다. 그리는 때마다 그는 우리를 친제(親弟)같이 대접하고 숨김 없고 남김 없는 폐간(肺肝)속의 말을 우리에게 들려주엇다. 그는 조국쇄신에 대한 우리의 중차대한 임무를 말하는 동시에 나라에 도라가 우리가 빛나는 대공헌을 세울 것을 믿어마지 아니하엿다. 그리고 그는 늘 우리에게 말하기를 일본이 동방에 영국노릇을 하려하니 우리는 우리나라를 아세

아의 불란서를 만드러야 한다고 하엿다. 이것이 그의 꿈이엇고 또 유일한 야심이엇다. 우리는 김씨의 말을 신뢰하고 우리전로에 무엇이 닥처오든지 우리의 이 책임을 수행하지 안코 말지 안켓다 결심을 하엿든 것이다. 만일 그가 1895년의 일청전쟁과 1905년의 일아전쟁 후까지 수명을 누리엇드면…한다. (중략)

그러나 슬프다. 그는 이미 죽엇다.-×××××-

2

우리가 호산학교를 마치니 조선 사관들에게 신전술을 가르키라는 목적으로 귀국명령을 받엇다. 우리는 1884년 4월에 서울로 도라와보니 정계는 떠나기 전보다도 가일층 험악한대, 조정내외가 우리를 고의(孤疑)와 적의를 가지고 대하엿든 것이다. 그러나 고종께서는 우리 일행을 인견하시어 일신(一新)한 군대에 창검을 꼬진 총을 메고 어전에를 나타낫다. 궐내(闕內) 내전으로 드러가서 유연체조와 다른 운동을 하여보라고 하명하신 것을 보아 확실히 고종께서는 우리들의 복장과 모든 것에 희열을 느끼신 것이엇다.

그때 새 병학교(兵學校)가 한규설 대장 지휘로 조직된다는 것을 드럿다. 우리는 그 실현됨을 학수 고대하엿으나 도로(徒勞)이엇엇다. 6~7삭(朔) 뒤에야 그 신학교 설립할 기회는 날너간 것을 알게 되엇는바, 그리하야 사관훈련의 꿈도 따라 사라져버리엇다. 이는 물론 중전과 그 일당의 반대 때문이엇다. 우리는 절망과 낙담의 심연에 빠지엇으나 속수

무책이엇다. 그때 김옥균은, 중전의 총애를 일신에 모으고 또 서광범, 홍영식, 윤치호, 이상재 등으로 더부러 제일차 주미 한국공사로 갓다가 도라오는 민영익과 악수하려 하엿으나 그(민영익)는 물고기가 강이나 바다로 드러가듯, 새가 제 보금자리(巢) 차저가듯, 같은 성 가진 자들이 들끌는 편에 붓고 미럿든 것이다! 그는 미국가서 왕자적 대접을 받앗는바, 도라올 때 미정부는 그와 그의 일행을 구축함 「추랜톤」호로 구라파를 경유시키어까지 데려다준 것이엇다. 그 같이 민은 구미의 대국들을 만히 보앗은즉 다소라도 어느 자극과 충격을 받어 자기모국의 개혁필요를 느끼엇으려니 하고 김옥균과 그의 일파는 생각하엿든 것이다. 그러나 민은 나라를 떠날 때나 틀림없이 완고하고 무식한채로 도라온 것이엇다. 개혁파는 평화적 수단으로 국운을 개척하려 가진 노력을 하엿으나 아모 성과도 없엇다.

그리하야 종말에는 황제와 그의 일족을 강제로라도 그 궁정 내 부패한 주위로부터 모셔내다가 모든 인습과 폐풍을 개혁시키는 새 칙령을 나리시도록 하게하려 계획하엿든 것이다. 이 계획은 1884(갑신)년 12월 6일 밤에 실행되엇다. 이 사변의 상세한 것은 귀지 독자들이 이미 잘 알 것으로 믿고 나는 이에 성략한다. 하여간 그 계획은 뜻햇든 대로 실현되어 3일간은 성공과도 같이 보이엇으나 원세개(袁世凱)의 간섭으로 독립당의 3일몽은 또 깨어지고 마럿는바 그 독립당 계획에는 부실한 것도 만헛지만 무엇보다도 제일 큰 패인은 그 계획에 까닭도 모르고 반대하는 일반민중의 무지몰각이엇다.

이에 우리가 알어둘 것은 그네(독립당)들의 신명과 재산을 돌보지 안는 그 필사적 운동의 동기는 다른 것이 아니고 단순히 최고형의 애국심 뿐이엇든 것이다. 그 실패가 그네들의 과오는 아니다. 당시의 국정이 어찌할 수 없엇든 것 뿐이다. 나 개인으로 말하면 그당시 활약한 사람의 일인으로 누구의 책망을 받을 것도 없고 동시에 그 실패로 하야 책(責)을 드를 것도 없다. 나는 (중략) 불고(不顧)하는 열혈의 일청년이엇든 것이다.

(중략) 끝으로 안에 그저 사러 잇는 1884년 나와 동고하든 벗들에게 나의 경의를 표하는 동시에 그네들의 여년(餘年)이 행복스럽기를 요축(遙祝)한다. 동서양을 막론하고 민중의 조직잇고 훈련 잇는 후원이 없이 다만 기개인의 선구자 만으로 성취된 개혁은 없는 것이다. 그들은 라마인(羅馬人)에게 참형을 당하엿으나 라마 사람이 그를 미워한 것이 아니고 그를 미워하기는 유인(猶人)이엇다. 그의 동포가 그를 알지 못한 것이엇다.

[편자 주] 1935년 1월 1일과 2일 2회에 걸쳐 〈동아일보〉에 연재된 이 글은 서재필이 갑신정변에 가담했던 무렵의 정세와 자신의 생각을 회고한 글로서 서재필의 개화사상과 갑신정변 연구에 중요한 자료이다. 고딕체로 표시한 문장은 당시 〈동아일보〉 지면에 강조하는 의미로 방점을 찍어 편집했던 부분이다. 맞춤법과 띄어쓰기는 현행대로 약간 바꾸고 한자를 많이 줄였으나 문장은 원래대로 두었다.

제2장

일본 거쳐
미국으로 망명

1898년 6월 미국으로 돌아가던 무렵의 서재필.
일본 도쿄의 마루키 리요우(丸木利陽, 1853~1923)
사진관에서 찍었다. 마루키는 메이지와 다이쇼(大正)
천황의 사진을 찍었던 일본의 유명한 사진가였다.

1885~1895

1885. 4월말경	미국 화물선 차이나호 편으로 박영효·서광범과 함께 미국으로 망명. 샌프란시스코에 도착. 박영효는 일본으로 다시 돌아가고, 서재필은 닥치는 대로 일하면서 영어 공부를 함.
1886. 9 ~1888. 6	홀렌백의 도움으로 필라델피아로 가서 힐맨 아카데미에 입학하여 공부함. 미국 이름을 필립 제이슨(Philip Jaisohn)으로 하여 미국의 풍습을 익히고 학문의 기반을 닦음.
1889. 가을 (25세)	미 육군 군의 총감부 도서관 사서로 임용되어 직장생활 하다가 콜럼비안대학교(현 조지 워싱턴대학교) 야간부에 입학하여 의학을 공부함.
1890. 6. 19	미국 시민권 취득.
1892. 3.	콜럼비안대학교 의학부를 졸업하여 한국인으로는 최초로 의학사(M.D.)가 됨.
1894(30세)	의사 개업.
1894. 6. 20	뮤리엘 암스트롱과 결혼. 이후 두 딸 스테파니와 뮤리엘 출생.

「은둔자의 나라에서 온 망명객들」

COREAN REEUGEES.

Exiles From the Hermit Nation.

THE WAIFS OF A REBELLION.

San Francisco as the Asylum for Three Leaders of the Progressionists.

There are living in strict seclusion in this city three Coreans of high rank, who have within the past year passed through an exciting period, which, in all probability, will leave an impress on their lives that will never be effaced. Their names are Pak Yong Hio, Soh Kwang or Jo Kohan Pom and Sch or Jo Jai Phil. Their experience is one that has been uncomfortably common of late in the "Land of the Morning Calm." A brief review of the salient facts in the last Corean "rebellion" will be the best means of properly presenting the three political refugees. Corea is called an independent kingdom, but it really occupies the position of the ground grain between the upper millstone of Japan and the nether millstone of China. As if the grinding of these two outside nations was not enough, Corea has also of late been rent by internal dissensions. She has by turns been dominated by the Exclusionist and Progressionist parties—the first made up of those who wish Corea to remain the hermit nation, which she has been for so many years; the second party being composed of the younger and more liberal Coreans, who wish to see their country adopt the new and better things of modern civilization. The Chinese, both covertly and openly, favor the Exclusionists, while the Japanese support the Progressionists, and are rivals in consequence.

A LIBERAL MINISTRY.

The King, who, however, appears to have been little more than a figure head, was, for a Corean, of a liberal turn of mind. At any rate the King's ministry, headed by Kien Ok Kun or Kin Oiokukin or Kin Yok Kin—he is called indifferently by any of these names—was largely made up of Progressionists. Forming part of the Cabinet were the three refugees spoken of, Pak Yong Hio, Soh Kwang Pom and Soh Jai Phil. Dressed in ordinary Anglo-Japanese costume, under-sized and with beardless faces, the three Coreans offer nothing either in feature or in form to attract attention, and yet they are among the best specimens of young, progressive Corea. Belonging to the highest rank and accustomed to the luxuries of the Orient, they are now the occupants of lowly quarters in a strange city of the West. Once wealthy and powerful, they are now poor and weak; and almost without means—and are nearly without friends. They accept these changes however, without a complaint, and consider themselves less the slaves of adverse fortune than the martyrs to a cause. They are entirely ignorant of the English language but are skilled in that of Japan, and from the interpretations and information of a friendly Japanese or two, the following information has been secured:

THE THREE REFUGEES.

Pak Yong Hio is not yet 30 years old. He is a prince of the highest rank and is a nephew of the present King, having married a daughter of His Majesty's brother, who was his predecessor. In 1881 he was

---

갑신정변이 실패한 후 박영효, 김옥균, 서광범, 서재필은 일본으로 망명했다가 김옥균만 일본에 남고 세 사람은 미국으로 건너갔다. 그들이 미국행을 택한 이유는 당시 조선정부가 일본정부에 끈질기게 개화당 반역 죄인들을 체포 송환하라고 요구했고, 자객들을 직접 일본으로 보내 그들의 신변을 위협했기 때문이다. 뿐만 아니라 일본정부가 국제정세의 변화로 망명객들을 홀대한 것도 크게 작용했다.

서재필, 박영효, 서광범은 1885년 5월 하순 일본을 떠나 보름 여의 항해 끝에 6월 중순 샌프란시스코에 도착했다. 서재필이 21세 때였다. 2년 전인 1883년 9월, 민영익을 단장으로 한 서광범 등 조선 정부사절단 11명이 미국을 방문한 이후 조선 민간인으로서는 최초로 미국에 도착한 셈이었다.

그들이 샌프란시스코에 도착한 지 1주일 만에 샌프란시스코의 유력신문 〈샌프란시스코 크로니클〉은 「은둔자의 나라에서 온 조선인 망명객들, 반란 끝에 온 표류자들, 샌프란시스코는 세 진보당 지도자들의 피난처」라는 제목으로 상당히 긴 우호적인 기사를 실었다. 망명객들은 당시 아는 사람이나 돈도 없이, 말까지 통하지 않고 풍습마저 낯선 미국 땅에서 몇 주일을 이루 말로 표현하기 어려운 마음의 고통과 물질의 궁핍을 겪었다. 그러다가 결국 박영효는 일본으로 되돌아가고, 서광범과 서재필, 변수는 일단 흩어져서 자립생활을 추구하였다.

〈샌프란시스코 크로니클〉에 게재된
서재필 일행의 망명 기사.

샌프란시스코에 도착하여 교회에 다니면서
어렵게 생활하던 서재필은 홀렌백이 이사로 있는
힐맨 아카데미에 입학하였다. 그는 교장의
집에 기숙하면서 교장의 장인으로부터
미국의 정치 경제 사회 등에 관해서도 배웠다.
서재필은 이 학교에 입학하면서
Philip Jaisohn이라는
미국식 이름을 사용하게 되었다.

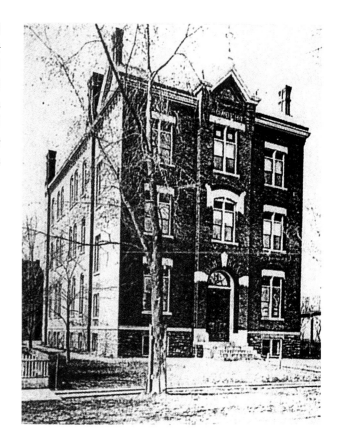

서재필의 후원자 홀렌백(John Wells
Hollenback). 펜실베이니아
윌크스 배리의 탄광 소유주로
그 지방 은행 총재도 맡았던 갑부였다.
라파에트대학(Lafayette College)과
프린스턴 신학교(Princeton
Theological Seminary)의 이사이기도
했다. 그는 서재필을 선교사로
양성하여 조선에 파견할 계획이었으나
서재필이 힐맨 아카데미 졸업 후
선교사 공부를 거부하자 두 사람의
관계는 단절되었다.

서재필은 해리 힐맨 아카데미를
우수한 성적으로 졸업했다.
1887년 6월 동급생 중 3등을
차지하였고(왼편), 수학과
희랍어 · 라틴어 과목은
장려상을 받았다(오른편).
후에 서재필과 사업을 같이한
디머(H. Deemer)의 이름도
보인다. (해리 힐맨 아카데미
1888년판 카탈로그)

HARRY HILLMAN ACADEMY, 25

Honor Roll.

1887.

Arranged by Classes in order of Merit.

SIXTH FORM.
Harry E. Jordan.
Ralph K. Hillman.
Harry Long.

FIFTH FORM.
Oscar T. Thomas.
John Tonkin.
E. J. Flick, Jr.

FOURTH FORM.
Pere G. Wallmo.
Harry L. French.
Phil Jaisohn.
Loren M. Luke.
Arthur E. Morgans.

THIRD FORM.
Charles N. Loveland.
Harold D. Deemer.
George E. Shepherd.
Sterling C. Lines.

SECOND FORM.
Raymond L. Wadhams.
Robert McK. Ackerman.
Edward S. Shepherd.

FIRST FORM.
Herbert Conyngham.
L. Denison Stearns.
Paul Bedford.
Edwin Shortz.

PRIMARY DEPARTMENT.
Percy W. Deemer.
Bruce Bedford.
Thomas K. Sturdevant.
Lea Hunt.
Edward Ryman.

---

22 HARRY HILLMAN ACADEMY.

Among the gifts to the school during the past year have been the following : A large wall map of the United States, from Hon. E. S. Osborne. A fine magnesium lamp, several hundred slides, and other accessories, from Mr. Charles Parrish. A set of U. S. maps, illustrating the census of 1880, from the Bureau of Education. The current volumes of the Second Geological Survey of Pennsylvania, from Hon. Charles A. Miner. A set of Pennsylvania State reports from State Senator M. B. Williams.

Prizes.

Awarded in June, 1887.

MINER PRIZES IN DECLAMATION.*

First Prize, $15—Harry T. Stoddart.
Second Prize, $10—Ziba B. Phelps.
Third Prize, $5—Herbert Conyngham.
The judges of the contest were : Gen. W. H. McCartney, George R. Bedford, Esq., and Allan H. Dickson, Esq.

BROWN PRIZES IN MATHEMATICS.†

Geometry, $10 in books—George S. Pfouts.
Honorable mention, R. R. Hillman, H. E. Jordan.
Algebra, $10 in books—Oscar T. Thomas.
Arithmetic, $5 in books—Charles N. Loveland.
Honorable mention, S. C. Lines, P. Jaisohn.

GREEK AND LATIN PRIZES.‡

The best examination in Greek Forms, a gold medal—Pere G. Wallmo.
The best examination in Latin Forms, a gold medal—Charles N. Loveland.
Honorable mention, P. Jaisohn, W. T. Hutchins, H. MacKnight.

*The prizes in declamation were the gift of Hon. Charles A. Miner.
†The prizes in Mathematics were the gift of Mr. S. L. Brown.
‡These prizes were the gift of the Principal.

한국인 최초의 서양 의학사(醫學士)

서재필은 샌프란시스코에 홀로 남아 1년 남짓 그곳에서 생활했다. 서재필은 가구상회의 광고지 배달 일을 하며 교회에서 영어를 배웠다. 그 후 홀렌백(John Welles Hollenback)이라는 독지가를 만나 1886년 9월 필라델피아에 있는 해리 힐맨고등학교(Harry Hillman Academy)에 입학하여 3년간 수학하고 1888년에 졸업하였다. 홀렌백은 이 학교의 이사였다. 이 학교 입학 때 서재필은 'Philip Jaisohn'이라는 서양식 이름을 사용하였다. '서재필'의 글자 순서를 거꾸로 한 '필재서'를 음역한 것이었다.

힐맨고등학교를 졸업한 서재필은 부근의 이스턴시에 있는 라파에트(Lafayette)대학에 입학하였다. 이때 후원자 홀렌백은 서재필이 대학을 졸업하면 조선에 나가 선교사로 활동할 것을 조건으로 학비 후원을 약속하였다. 그러나 서재필은 갑신정변에 실패하여 망명해 와서 언제 귀국할 수 있을지 기약 없는 처지였으므로 이 조건을 받아들일 수 없었다.

그는 라파에트대학을 포기하고 1888년 1월 워싱턴으로 내려갔다. 이곳에서 데이비스(Davis) 교수가 소개해 준 스미소니언(Smithsonian) 박물관의 오티스(Otis)를 찾았다. 오티스는 미국 육군 군의(軍醫) 총감부 도서관장 존 빌링스(John Billings) 박사에게 서재필의 직장 알선을 부탁했다. 미국 정부의 직장에 취직하려면 누구나 관리자격 시험에 합격해야 했는데, 다행히 그 시험은 일어와 중국어 시험이어서 이 두 외국어에 능통한 서재필은 쉽게 합격하였다. 총감부 도서실에는 당시 중국과 일본에서 많은 의학도서와 잡지가 와 있었다. 그것을 정리해서 카탈로그에 넣을 사람이 필요했으므로 서재필은 곧 일자리를 얻게 되었고, 그는 한국 사람으로서는 처음으로 미국 정부의 관리가 되었다.

빌링스 박사는 그때 나이 50세로 육군 군의관(중령)이었다. 의무관으로서 막중한 책임을 맡고 있었고, 도서관장으로 23년간 근무한 미국 의료계의 중진이었다. 그가 시작한 인덱스 카탈로그(Index-Catalogue)와 인덱스 메디커스(Index-Medicus)는 오늘날 세계적으로 제일 큰 의학 도서잡지 목록으로 발전했다. 또 그가 창설한 육군 군의 총감부 도서관은 세계 최고의 미국 국립의학 도서관이 되었다. 이 빌링스 박사가 서재필의 장래에 끼친 영향은 참으로 컸다. 그의 권유도 있었고, 또 의학 도서를 정리하는 사이에 얻은 많은 지식이 서재필로 하여금 의학 공부를 선택하도록 이끌었다.

서재필은 곧 조지 워싱턴(George Washington)대학의 전신인 컬럼비안(Columbian)대학에 입학하여 의예과를 마치고, 그 다음해인 1889년 9월 정식으로 의과대학에 편입이 되었다. 3년간의 노력 끝에 그가 의과대학을 졸업한 것은 1892년 3월이었으니, 그의 나이 28세였다. 서재필은 한국 사람으로서는 처음으로 서양 의학사 학위를 얻은 것이다.

월터 리드(Walter Reed) 박사:
미국 육군 의무감실 소속 의학 박물관 연구소장이었던 그는 서재필의 후원자였다.

의학공부를 했던 콜럼비안 의과대학(Columbian College).
서재필은 콜럼비안 의과대학(현 조지 워싱턴대)에 입학하여
당시 세계적인 의학 권위자로 미 육군 의무총감이었던
스턴버그(George Miller Sternberg) 박사와 미 육군
의학박물관 연구소장 월터 리드 박사의 영향을 크게 받았다.

서재필의 의과대학 재학증명서.

콜럼비안 의과대학 졸업 사진:
서재필은 3년간의 야간 의학부
정규과정을 마치고 만 28세였던
1882년에 한국인 최초의 서양
의학사(M.D.)가 되었다. 졸업 후
1년간 워싱턴에 있던 가필드
병원(Garfield Hospital)에서
인턴 과정을 거치면서 같은
시기에 미 육군 의학박물관에서
일하였다. 그러나 얼마 후
콜럼비안 의대 은사인 존슨 박사
(Dr. Johnson)의 충고에 따라
승진 기회가 별로 없는 의학
박물관을 사직하고 워싱턴에서
병리학 전문 의사 사무실을
내어 개업하였다. 사진 맨 뒷줄
왼쪽에서 세 번째가 서재필.

서재필은 그 대학의 교육기관인 가필드(Garfield) 병원에 인턴으로 들어갔고, 거기에서 많은 임상 경험을 얻었다. 빌링스 박사는 의과대학에 다니는 서재필에게 직장을 계속 다닐 수 있게 해 주었고, 가필드 병원 수련과정이 끝난 1893년 4월에도 계속 총감부 도서관에서 일할 수 있도록 배려했다. 그의 끊임없는 지도와 후원으로 보아 그는 정말 서재필의 은사였다.

한편 1893년 5월, 미국 정부는 조지 밀러 스턴버그(George Miller Sternberg) 박사를 육군 의무총감으로 임명했다. 그는 군인이라기보다는 유명한 학자였다. 세균학, 특히 황열병 연구로 많은 업적을 남긴 그는 오랫동안 꿈꾸어 왔던 육군 군의학교 창설에 박차를 가했고, 군에 있는 훌륭한 학자들을 워싱턴에 모이게 하여 교수진을 확보하고 있었다. 그는 워싱턴시 남서부에 있는 육군 박물관의 의학 연구실을 이용하여 그 해 11월부터 군의관과 간호장교들의 재교육을 시작했다. 그 해 12월에는 새로 승진된 군의관 월터 리드(Walter Reed) 박사가 육군 의학박물관장과 군의대학의 병리학, 세균학 교수로 임명되었다(Professor of Clinical and Sanitary Microscopy). 박물관장 직책은 1883년부터 빌링스 박사가 맡고 있었는데, 이것이 리드 소령에게 이양된 것이다.

서재필이 개원했던 병원 간판.
서재필의 영문 이름과 진료시간이
적혀있다. 옆으로 긴 타원형
목판으로 제작되었다.(위)
철제로 된 직사각형의 간판.(아래)

서재필은 총감부 도서관에서 일하면서 리드 박사가 소장으로 있는 의학연구소에서 조수로도 일할 수 있게 되었고, 그곳에서 병리학과 세균학의 연구를 시작할 수 있었다. 이것 역시 빌링스 박사와 의무총감 스턴버그 박사의 특별한 배려로 이루어진 학구생활을 위한 좋은 기회였다. 그러나 불행히도 그는 정부 관리직이 장래성이 없다는 존슨(Johnson) 교수의 권고로 연구원직을 그만두고 개업을 했다. 만일 그가 개업을 하지 않고 리드 박사와의 학구생활을 계속했더라면 황열병 연구원의 일원으로 역사적인 업적을 남겼을 수도 있었을 것이다. 하지만 그의 개업은 처음부터 그렇게 쉽지는 않았다.

서재필은 의과대학에 재학 중이던 1890년 6월 미국 시민권을 취득하고, 1894년에는 의사면허를 얻었다. 1894년 6월 20일 그가 뮤리엘 암스트롱(Muriel Armstrong) 양과 결혼식을 올렸을 때 〈워싱턴 포스트(Washington Post)〉는 "신랑 서재필의 학자로서의 명성은 워싱턴에서만 알려진 것이 아니라…"고 기록했다. 신부는 미국 철도 우편국 창설자 조지 암스트롱의 딸이었다. 장인인 조지 암스트롱은 제15대 미 대통령 뷰캐넌(제16대 대통령 링컨의 바로 전임자)의 고종사촌이었다. 서재필의 결혼식 주례를 섰던 사람도 당시 유명한 목사였다. 결혼식에는 장군, 판사, 국회의원, 의사 등 유지들이 많이 참석했고, 피로연에만 200여 명의 손님이 붐빌 정도로 성대했다.

서재필은 이때 조선에의 귀국이 영구히 불가능한 것으로 판단하고 미국에 영주하기로 결심했던 것으로 여겨진다. 서재필이 워싱턴에 있는 동안 마침 서광범도 워싱턴 스미소니언박물관에 취직하여 일하고 있었다.

서재필의 장인 조지 뷰캐넌 암스트롱(George Buchanan Armstrong) 대령. 암스트롱 대령은 남북전쟁 당시 시카고 우편국 부국장으로 근무하면서 철도 우편제도를 창시했다. 철도 우편제도는 우편물을 기차로 운반하는 도중에 분리하여 배달시간을 줄이는 제도였다.

서재필의 부인 뮤리엘 조세핀 암스트롱(Muriel Josephine Armstrong).

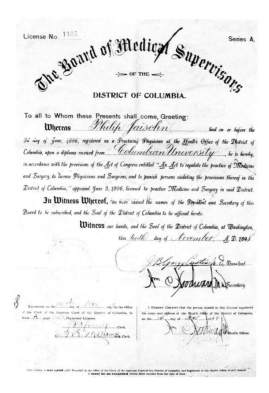

서재필이 한국에서 〈독립신문〉을 발행하다가 다시 미국으로 돌아간 후인 1898년 11월 10일에 발급받은 의사 개업 면허증.

서재필과 암스트롱의 자전거 하이킹. 암스트롱은 사진 뒷면에 다음과 같이 썼다.
"어느 날 자전거를 타다가 우리는 잠시 서서 사진을 찍었다. 결과는 마치
'연인들의 다툼'과 같은 모양으로 나타났다."

큰 딸 스테파니로 추정된다.

부인과 딸.

두 딸 스테파니(오른쪽)와 뮤리엘.
스테파니는 미국에서 잉태하여
서울에서 출생했고, 뮤리엘은 서울에서
잉태하여 미국에서 출생했다.

이웃사람들과 다정한 한 때를
보내는 서재필 가족.

미국의 자택 부근에서 찍은 것으로 보이는 두 딸의 스냅.

<조선일보>는 1926년 12월 4일부터 「갑신개혁 이면사와 회고록」을 연재했다. 제1회 '조선독립의 첫 봉화'에서는 서재필을 비롯한 주역들의 사진과 함께 43년 전의 거사를 재구성했다.

박영효 등 개화파의 귀국 권유

이 사이에 본국에서는 1894년 7월 온건 개화파가 집권하여 '갑오개혁'을 단행하기 시작하였다. 특히 1894년 12월에 수립된 제2차 김홍집 내각에는 갑신정변의 주역인 박영효와 서광범이 입각했다. 또한 1895년 3월 1일자로 김옥균은 물론이요, 서재필과 그의 아우 서재창 등 모든 개화파 요인들에 대한 사면령이 발포되었고 관직에의 복권이 허용되었다.

개화파들은 서재필을 국내에 불러와 그의 지식과 역량을 활용하기 위해 외부협판에 임명하였다. 서재필은 주미 조선공사관으로부터 교섭을 받고 처음에는 사양하였다. 1개월 후의 『외부 청의서(外部請議書)』에는 서재필에게 교섭했더니, 그가 귀국의사가 없다고 청원서를 제출해서 사임을 청원했으므로 면본관(免本官) 한다고 기록되어 있다. 그로부터 5개월 후 박영효가 실각하여 재차 일본으로 망명한 후 1895년 10월 경 미국에 들러 서재필을 만나서 본국 형편을 설명하고 그의 귀국과 입각을 권유하였다.

이번에는 서재필도 귀국을 결심하였다. 물론 이때에도 본국의 개화파 정부와 사전 협의가 있었음은 물론이다. 이것은 서재필이 귀국에 동의하자 본국의 개화파 정부가 편의를 제공하기 위해 서재필을 1895년 11월 9일자로 주미 조선공사관의 3등 참사관에 임명하여 귀국시킨 것에서도 알 수 있다.

박영효(위)와 서광범.

서재필은 미국인 부인과의 사이에 두 딸을 두었는데, 스테파니와 뮤리엘이었다. 스테파니는 미국에서 잉태하여 서울에서 출생했고, 뮤리엘은 서울에서 잉태하여 미국에서 출생했다. 스테파니는 나중에 결혼하여 아들을 하나 두었으나 그 후 대가 끊겼다. 뮤리엘은 독신으로 살면서 해방 후 귀국한 서재필의 비서로서 아버지와 동행했고, 미국 펜실베이니아주 미디아 집을 지키면서 일생을 화가로서 살았다.

「갑신개혁 이면사와 회고록」 제3회 기사. 갑신정변이 실패로 끝난 후의 참상을 소개했다. 늙은 부모와 처자가 음독 자살한 참혹한 재앙이 닥쳤다. <조선일보>, 1926년 12월 6일.

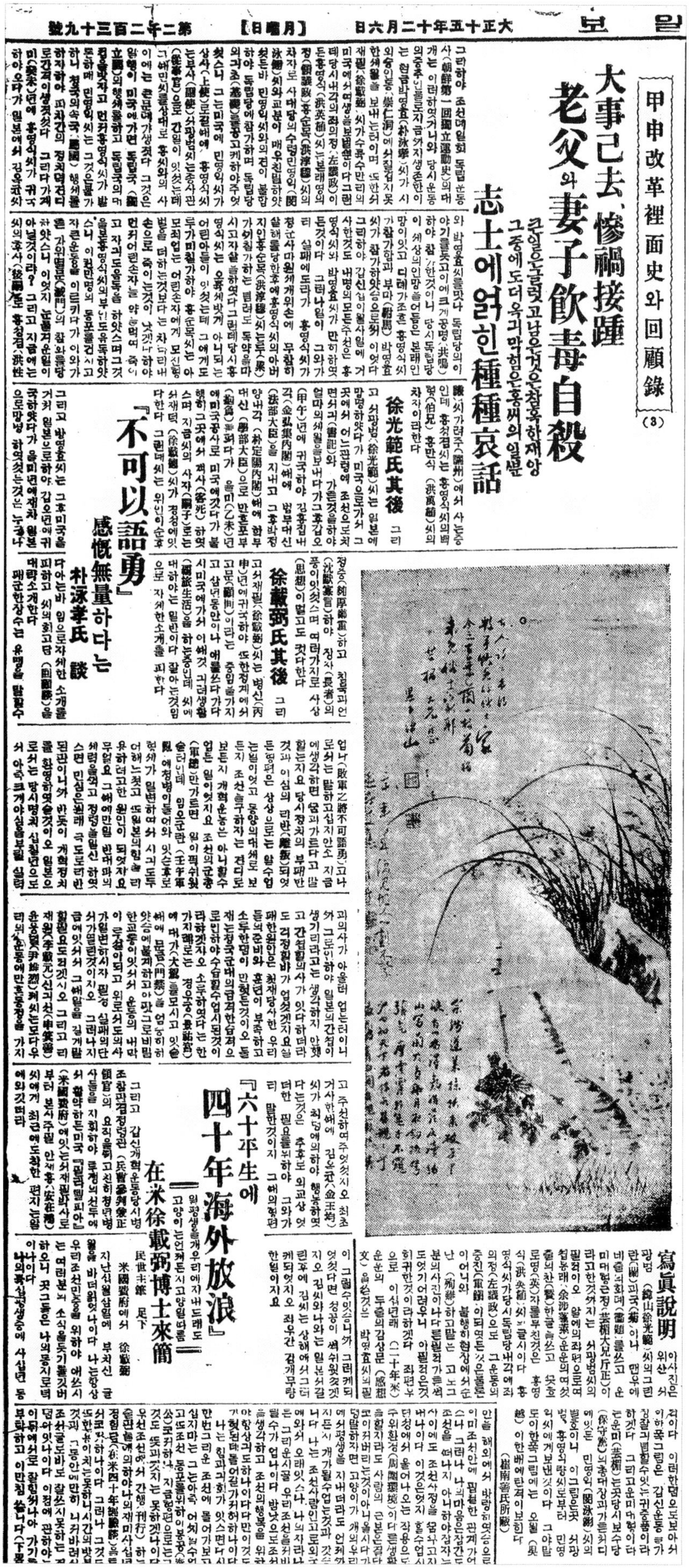
일보 大正十五年十二月六日 【月曜日】 第二千二百三十九號

甲申改革裡面史와回顧錄 (3)

大事已去, 慘禍接踵
老父와妻子飮毒自殺

큰일은글럿고남은것은참혹한재앙
그중에도더욱긔막힌홍씨의일문

志士에얽힌種種哀話

徐光範氏其後

徐載弼氏其後

『不可以語勇』
感慨無量하다는
朴泳孝氏 談

『六十平生에
四十年海外放浪』
在米徐載弼博士來簡

寫眞說明

11년 반 만에 돌아온 조국

서재필이 워싱턴에서 결혼하고 의사 개업을 하고 있을 때, 조선에서는 1894년 일본의 영향 하에 갑오경장이 있었다. 그런데 제1차 김홍집 내각에 이어 그 다음에 들어섰던 김홍집·박영효 연립내각에서 내부대신(지금의 안전행정부 장관), 총리대신 서리(지금의 국무총리 서리)를 지낸 박영효가 실각하여 워싱턴으로 망명해 왔다. 박영효는 서재필에게 귀국하여 조국을 위해 일할 것을 권유했다.

서재필은 박영효로부터 들은 조선상황이 매우 절망적으로 보였지만, 결국 귀국하기로 결심한다. 어쨌든 갑오경장이 시작되어 개혁의 분위기가 지속되고 있었고, 비록 박영효는 실각했지만 서광범이 아직은 조선정부에서 학부대신(지금의 교육부 장관)으로 남아 있었기 때문이 아니었을까 싶다.

서재필이 귀국을 결심하게 되었을 때는 결혼한 지 5개월 지날 무렵이었다. 그는 아직 서울사정이 어떤지 정확히 몰라 부인은 일단 워싱턴에 남겨 두고, 자신만 먼저 1895년 11월 10일 경 워싱턴 D. C.를 출발하여 12월 9일 일본 고베(神戶)에 도착했다. 요코하마와 도쿄에 가서 도야마 군사학교를 찾아가 보기도 하고, 후쿠자와 유키치를 만나보기도 했다. 그리고 그는 12월 25일 제물포에 도착했다. 11년 반이 지나 다시 조국으로 돌아온 것이다. 그러나 그를 맞이해 주는 사람은 아무도 없었다. 부인은 다음 해 8월 서울에 도착했다.

서재필은 우선 수구파의 위해(危害)로부터의 안전을 위해 배재학당 교장 아펜젤러(H. G. Appenzeller)의 집에 유숙하면서 그동안의 국내사정 변화와 정계의 형편을 알아보기 시작하였다. 그리고 서광범을 만났다. 그런데 서광범은 김홍집·박영효 연립내각에서 법부대신(지금의 법무부 장관)을 했으나 박영효 사건으로 학부대신으로 위치가 바뀌었고, 서재필이 귀국한 지 6일 후에는 자청하여 주미공사로 부임하기 위해 서울을 떠나기 직전이었다. 서재필에게는 커다란 실망이었을 것이다. 서광범은 후에 본국에서 아관파천(俄館播遷)으로 친러 내각이 들어서자 주미공사에서 해임되었고, 지병이 악화되어 워싱턴에서 사망했다.

서재필은 조선의 상황이 예전과 조금도 달라진 것이 없이 서로 모해하고 또 살육하는 것을 보고서 크게 상심하고 낙담했다. 그는 변복을 하고 다음 선편으로 미국으로 돌아가려는 생각을 하기도 했다.

미국 성조기를 든 어린 스테파니의 표정이 귀엽다.

미국 여의사 엘러스(Annie J. Ellers, 1860~1938)가 세운 정동여학당.
엘러스는 1886년 7월 우리나라에 들어와 제중원에서 활동하던 중 이듬해인
1887년 여자 고아 1명을 데리고 이 여학교를 창설했다.
1895년 10월에는 연동여학교, 1909년에는 정신여학교로 교명이 바뀌었다.

What Korea Needs Most

<The Korean Repository> Mar. 1896.

After fourteen years abroad I have returned to the land where I was born and reared, with a heart full of expectation that during these years the country must have made some improvement in national life in general, but may disappointment has been great, and it grows greater every day as I begin to know more of Korea. In fact, the country is in a worse condition to-day than before my departure from Seoul fourteen years ago. The first thing that makes my heart bleed is the condition of the people. They seem to be perfectly helpless, and have no plan whatever as to what they should do in order to make a living. The Koreans have never known the rights and privileges of citizenship in an independent and civilized state; but for many centuries they have been left to themselves in a hermit kingdom and they have been happy and contented in their way. Since the beginning of intercourse with foreign countries, they have been caused to pass through several trying periods in their national history, and they know not how many more troubles and sufferings are in store for them in the future. In late years the government has introduced reforms into all departments, and by one stroke of the brush, laws and customs centuries old have been wiped off the statute book. The new rules and regulations are still unfamiliar, and mostly unknown to the people. The political horizon is still darkened by threatening clouds, and the policy of the government has been changed with lightning speed. So far they have not seen, nor have they been benefited by the beauties of the new reformation, but only the disturbances, riots and other unpleasantness which have deprived them of their occupations, and, in many cases, of their lives. Then is it to be wondered at that distrust and suspicion are entertained in their minds at the present? History tells us that no country in the world can exist and prosper without the cooperation of its people. My purpose in this paper is not to discuss politics, but to endeavor to bring before the public my idea as to how to bring about the solution of this grave problem. The government must know the condition of the people, and the people must know the purpose of the government. The only way to bring about mutual understanding between the government and the people is the education of both parties.

What Korea needs most at the present is men, and many of them. She wants men in every department of her organization, who understand not only how to rule, but how to teach others and guide them into the right path as a shepherd does his wandering flock. The Koreans are capable of learning any science or art, and their natural mode of thinking is very logical. If they are properly taught they will become very able rulers as well as teachers. I have a firm belief that Korea will ultimately become a power in the orient, however hopeless the prospect may be just as the present. All they need is men who will teach them and love them sincerely.

In overhauling a fabric several centuries old, the operators must understand the process of overhauling as well as repairing, at least repairing should begin as soon as overhauling commences, The present Korea is at the stage of simple over circumstances the rulers as well as the people experience all sorts of discomfort and fatigue, and naturally on the part of the people distrust and suspicion exist toward their rulers. Without education the people will never understand what the laws are for, and appreciate the good of them; and then they will obey the laws the moment they go into effect.

My idea may seem ridiculous to some- the solving of such an urgent problem by gradual education of the people, whereas the condition of the country requires immediate relief. But the relief- work has not yet commenced so far as I can ascertain. There may be several methods of relief. but education is one of the most effective and permanent means. The government may change from time to time, and the political complexion of the country may alter according to the circumstances, but the people will be here always.

A hungry man will never get rich if he only sits around and complains of his hard lot, but he must go about and sow the seeds in some fertile soil, so that some day he may reap the harvest and enjoy the fruits of this labor. Education of Korean youth is the sowing of the seed. Korea may seem now helpless and hopeless, but every body in the kingdom must realize the importance of education, and commence to educate the younger generation from this day on. I am positive that he will see the fruits of his labor much sooner than he expects. When this younger generation absorbs the new ideas and trains itself in Christian civilization, nobody knows what blessings are in store for Korea, and what blossoms may bloom in the national life of this now cheerless country.

It is sincerely hoped by all those who love Korea that the government will spend all its energy and effort to found schools of all kinds, especially of manual training. Industrial, agricultural and medical schools not only in Seoul, but in various districts throughout the kingdom, and compel the people to send their children to these institutions. After these children and youth graduate from the schools, the government must employ them according to their individual capacity. Before long the people will realize the profit of sending their children to school to be educated, and those educated young men will help their leaders in overhauling as well as reorganizing all matters of national importance. Moreover, when they know how to make their living by the knowledge which they have acquired from these schools; they will naturally appreciate the efforts of the government and will cooperate with the government people in peace as well as in war. I, personally, would like to see the government budget show a larger item for educational purposes than any other item for the next ten years, also I appeal to those who love humanity that they will use their efforts for the education of these poor and down-trodden Koreans.

[편자 주] 서재필이 귀국하여 처음 발표한 영어논문. 미국 감리교 선교사들이 발행하던 영어 월간지 〈코리안 리포지토리(The Korean Repository)〉 3월호에 실었던 「한국이 가장 필요로 하는 일(What Korea Needs Most)」이라는 글이다. 정부는 국민의 실정을 알아야 하고, 국민은 정부가 하고자 하는 목적을 알아야 한다고 지적하면서 이를 위해서는 교육이 중요하다고 강조하였다. 이는 〈독립신문〉 창간사와 같은 맥락이다.

제3장

최초의 민간 경영
〈독립신문〉 창간

미국으로 돌아간 후의 서재필.

'언론인 서재필'의 신념

서재필은 귀국 직후부터 정열적인 활동을 펼치기 시작했다. 1월 15일에는 내부대신 유길준(俞吉濬), 농상공대신 김가진(金嘉鎭), 정병하(鄭秉夏) 등이 참관하는 가운데 공개강연을 가졌고, 1월 말에는 윤치호(尹致昊)를 만나 신문 발행 계획을 상의했다.

서재필이 본 조선은 망명을 떠나던 1884년 말에 비해 훨씬 악화된 상황이었고, 국민은 희망을 잃고 자포자기의 상태였다. 국민은 무엇을 어떻게 해야 할지도 모르고 있었다. 서재필은 개혁을 추진하려면 두 가지 사업이 시급하다고 결론지었다. 하나는 교육이고, 다른 하나는 정부와 국민의 상호 이해를 증진하는 일이었다. 이 두 가지를 달성하기 위한 구체적인 방안으로는 신문 발행이 가장 효과적이고 필요한 사업이라고 판단했다. 학교를 설립하여 교육을 실시하는 사업은 시간과 돈이 많이 소요되지만, 후진사회에서 신문은 많은 국민에게 영향을 미칠 수 있는 가장 효율적인 교육기관으로 활용될 수 있었다.

서재필은 이 같은 생각을 미국 감리교 선교사들이 발행하던 월간 영어잡지 〈코리안 리포지토리(The Korean Repository)〉 3월호에 기고한 「한국이 가장 필요로 하는 일(What Korea Needs Most)」에서 밝혔다. 귀국 후 '언론인 서재필'이 자신의 생각을 밝힌 최초의 글이었다.(62~63페이지 참조)

서재필은 정부는 국민의 실정을 알아야 하고, 국민은 정부가 하고자 하는 목적을 이해해야 한다고 지적하면서 이를 위해서는 교육이 중요하다는 점을 강조하였다. 정부와 국민의 상호 이해증진을 위해서도 신문은 필수적이었다. 신문을 발간하려는 동기와 목적이 무엇인지를 드러내는 글이라는 점에서 주목된다.

첫째, 서재필이 말하는 '교육'의 개념은 기술과 지식 전수만을 의미하지는 않았다. 민중의 의식을 깨우쳐주는 '계몽'이라는 넓은 의미의 교육을 뜻하였다. 서재필은 자서전에서도 "나는 우리나라의 독립을 오직 교육, 특히 민중을 계발함에 달렸다는 것을 확신하였기 때문에 우선 신문 발간을 계획하고"라 하여 민중의 의식을 개혁하는 교육을 강조하고 있다.(김도태, 『서재필박사 자서전』, 을유문고 99, 을유문화사, 1972, p.241.) 〈독립신문〉 창간 직후인 1896년 4월 23일자(제8호) 「논설」도 교육의 중요성에 관한 내용이었다.

교육이 업서 규칙과 법률을 지킬 줄 모르는 고로 조선사람 끼리는 서로 싸우고 시기하며 강한 자는 약한 자를 압제하고 세 있는 자는 세 없는 자를 업수히 여기나 외국 사람을 대하면 병신들 같이 행신하는 고로 외국 사람들이 조선을 업수이 여김이라……교육 업는 백성은 말로는 무슨 일이든지 남과 같이 하겠다 하여 그러하되 일을 당하거드면 못 하는 것이 첫째는

〈독립신문〉 창간호. 1면 논설을 통해 창간 정신을 밝혔다. 편벽되지 아니하고 상하 귀천을 차별하지 않을 것이며 정부나 일반인의 잘못이 있으면 이를 폭로하겠다고 선언했다. 또한 한글 전용의 필요성을 강조하여 서재필의 뛰어난 선견지명을 엿볼 수 있다. 창간 당시에는 격일간으로 주 3회 발행이었는데 서재필이 미국으로 돌아간 뒤인 1898년 7월부터 일간이 되었다. 1면 머리에 논설을 싣고 2면과 3면에는 국내외의 기사, 3면은 광고였다.

뎨일권　뎨일호

독 닙 신 문

조선 셔울 건양 원년 ᄉ월 초칠일 금요일

광고

독닙신문이 본국과 외국 사정을 자셰이 긔록홀터 이요 졍부 속과 민간 소문을 다 보고 홀터이라 졍치샹일과 농ᄉ 쟝ᄉ 의술샹 일을 얼만콤식 이 신문샹 미일 긔록홈 우리 쥬의를 미리 말ᄉᆷ호여 아시게 호노 라 우리는 첫지 편벽 되지 아니호고 무슴 당에도 상관이 업고 샹하귀쳔을 달니디 졉아니호고 모도죠션 사ᄅᆷ으로만 알고 죠 션만 위호며 공평이 인민의게 말 홀터인디 우리가 셔울 빅셩만 위홀게 아니라 죠션 젼국인민을 위호여 무슴일이든지 디언호 여 주랴홈 졍부에셔 호시는일을 빅셩의게 젼홀터이요 빅셩의 졍셰을 졍부에 젼홀터이니 만일 빅셩이 졍부일을 자셰이알고 졍부에셔 빅셩에 일을 자셰이 아시면 피ᄎ에 유익한 일만히 잇슬터이요 불평 한 ᄆᆞᄋᆷ과 의심호는 셩각이 업서질 터이옴 우리가 이신문 출판 호기는 취리호랴 ᄒᆞᄂᆞᆫ게 아니 무론 누구든지 이 신문 보기가 쉽고 신문속에 잇는말 을 자셰이 알어 보게홈이라 각국 에셔는 사ᄅᆷ들이 남녀 무론호고 본국 국문을 몬저 배화 능통한 후에야 외국 글을 배오는 법인디 죠션셔는 죠션 국문은 아니 배오드리도 한문만 공부 ᄒᆞᄂᆞᆫ 까둙에 국문을 잘 아는 사ᄅᆷ이 드믈미라 죠션 국문호고 한문 호고 비교호여 보면 죠션국문이 한문 보다 얼마가 나흔거시 무어신고 호니 첫지는 배호기가 쉬흔이 됴흔 글이요 둘지는 이 글이 죠션 글이니 죠션 인민 들이 알어셔 빅ᄉᆞ을 한문 대신 국문으로 써야 샹하귀쳔 이모도 보고 알어 보기가 쉬흘터이라 한문 만 늘 써 버릇호고 국문은 페한 까둙에 국문으로 쓴건 죠션 인민이 도로혀 잘 아라보지 못호고 한문을 잘알아보니 그게 엇지 한심치 아니 호리요 또 국문을 알아보기가 어려운건 다름이 아니라 첫지는 말마디를 쎼이지 아니 호고 그져 줄줄 내려 쓰는 까둙에 글ᄌᆞ가 우희 부터는지 아리 부터는지 몰나셔 몃번 일거 본 후에야 글ᄌᆞ가 어디 부터는지 비로소 알고 일그니 국문으로 쓴편지 한 쟝을 보자 호면 한문으로 쓴것 보다 더듸 보고 또 그나마 국문을 자조 아니 쓴는 고로 셔툴어셔 잘 못봄이라

논셜

우리가 독닙신문을 오늘 처음으로 출판 ᄒᆞᄂᆞᆫᄃᆡ 조션속에 잇는 내외국 인민의게 우리 쥬의를 미리 말ᄉᆷ호여 아시게 호노 라 우리는 첫지 편벽 되지 아니호고 무슴 당에도 상관이 업고 샹하귀쳔을 달니디 졉아니호고 모도죠션 사ᄅᆷ으로만 알고 죠 션만 위호며 공평이 인민의게 말 홀터인디 우리가 셔울 빅셩만 위홀게 아니라 죠션 젼국인민을 위호여 무슴일이든지 디언호 여 주랴홈 졍부에셔 호시는일을 자셰이 아시면 불평 호 ᄆᆞᄋᆷ이 업실터이요

길거리에셔 쟝ᄉᆞᄒᆞ는이 이신문을 가져다 엽헤 노코 팔고져 ᄒᆞ거든 여긔 와셔 신문을 가져다가 팔면 열쟝에 여둛쟝만 세음홈 고 박쟝에 여든쟝만 세음홈

훈쪽만 싱각코 ᄒᆞᄂᆞᆫ 말은 우리 신문샹에 업설터이옴 또 훈쪽에 영문으로 긔록ᄒᆞᄀᆡ 눈 외국인민이 죠션 사졍을 자셰이몰은 즉 혹 편벽 된 말만 듯고 죠션을 잘못 싱각 홀까 보아 실샹 ᄉ졍을 알게ᄒᆞ고져호여 영문으로 죠 곰 긔록홈

그리ᄒᆞᆫ즉 이신문은 쪽 죠션만 위홈을 가 히 알터이요 이신문을 인연호여 내외 남녀 샹하 귀쳔이 모도 죠션일을 서로알터이옴 또 외국 사졍도 알터이옴 이것을 인연호여 로 대군쥬 폐하ᄭᅴ 송덕ᄒᆞ고 만셰을 부르ᄂᆞ이다

어떻게 할 줄 모르니 못할 것이요 둘째는 나라 보다 자기 몸을 더 앗는 고로 못할 터이니…

국민이 법률을 지킬 줄 모르고, 내국인끼리는 싸우면서 외국인에게는 업신여김을 당하는 것은 교육이 부족하기 때문이라는 것이다. 나라의 독립과 외국의 압제를 피하고 민중의 의식을 계발하기 위해서는 교육이 필요하며, 교육을 위해서는 신문을 발간하는 일이 가장 효율적이고도 중요했다.

둘째, 서재필은 정부와 국민의 상호이해를 강조했다. 국민의 마음속에 불신과 의심이 만연하고 있음을 보고 이를 바로잡는 문제가 시급함을 역설했다. 세계 어느 나라도 국민의 협조 없이 존재할 수 없었으며 번영을 누릴 수도 없었다는 사실을 역사가 말해주고 있다고 했다. 민주주의 사상의 축약된 표현이라 할 수 있었다. 그는 국민의 협조 없이는 암울한 현실을 타개할 수 없다는 사실을 귀국한 직후부터 절실히 느꼈다.

서재필은 자신이 가담했던 갑신정변이 성공하지 못한 원인을 두 가지로 분석했다. 첫째는 일반 민중의 성원이 박약하였으며, 둘째는 지나치게 외부의 도움에 의존하려 하였던 때문으로 보았다.(42~45페이지 참조) 그러므로 인민을 교육하여 개화의 필요성을 깨닫게 하고 인민과 정부의 협조로 개혁을 추진하도록 해야 하는데 이를 위해서는 신문을 발행하는 일이 가장 중요했던 것이다.

〈독립신문〉 영문판
〈The Independent〉.
〈독립신문〉은 한 페이지를
영문판으로 제작하여
외국인들에게 한국의
사정을 알리도록 하였다.
첫 해에는 한글판 3페이지와
영문판 1페이지를 함께 편집한
2국어 신문으로 발행하였으나
이듬해인 1897년 1월부터는
한글판과 영문판을 분리하여
2개의 신문으로 만들었다.
통상적으로 〈독립신문〉이라
부를 때에는 한글판과 영문판
두 개의 신문을 지칭한다.

서재필은 귀국 후 중추원
고문에 임명되었는데 농상공부
고문을 겸하도록 하였음을 알리는
공문. 내각총리대신 서리 박정양이
서재필에게 보냈다. 1896년 3월 14일.

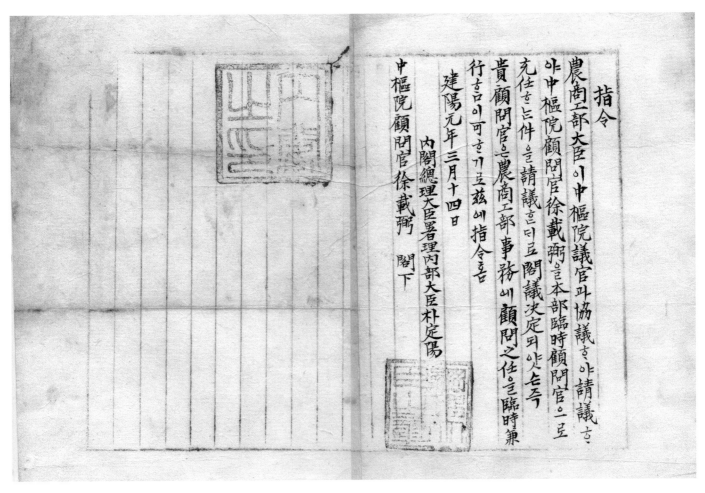

THE INDEPENDENT.

VOL. I.   NO. 1.

Single copy one cent.   SEOUL, KOREA, TUESDAY, APRIL 7th, 1896. $1.30 per annum.

Contents.

The Independent.

A Journal of Korean Commerce, Politics, Literature, History and Art.

ISSUED EVERY TUESDAY, THURSDAY AND SATURDAY.

NOTICE TO CORRESPONDENTS.

No attention will be paid to anonymous communications. All letters or communications should be addressed to THE INDEPENDENT, Seoul, Korea, and all remittances should be made to the same.

EDITORIAL.

The time seems to have come for the publication of a periodical in the interests of the Korean people. By the Korean people we do not mean merely the residents in Seoul and vicinity nor do we mean the more favored classes alone, but we include the whole people of every class and grade. To this end three things are necessary; first, that it shall be written in a character intelligible to the largest possible number; second, that it shall be put on the market at such a price that it shall be within the reach of the largest possible number; third, that it shall contain such matter as shall be for the best interests of the largest possible number.

To meet the first of these requirements it has been put in the native character called the ŏn-mun, for the time is shortly coming, if it is not already here, when Koreans will cease to be ashamed of their native character, which for simplicity of construction and phonetic power compares favorably with the best alphabets in the world. Difficulty is experience by those not thoroughly acquainted with the ŏn-mun from the fact that ordinarily there are no spaces between words. We therefore adopt the novel plan of introducing spaces, thus doing away with the main objection to its use. We make it biliteral because this will act as an incentive to English speaking Koreans to push their knowledge of English for its own sake. An English page may also commend the paper to the patronage of those who have no other means of gaining accurate information in regard to the events which are transpiring in Korea. It hardly needs to be said that we have access to the best sources of information in the capital and will be in constant communication with the provinces.

To meet the second requirement we have so arranged the size of the sheet as to be able to put it on the market at a price which will make it unnecessary for anyone to forego its advantages because of inability to buy.

To meet the third requirement is a more difficult matter. What Korea needs is a unifying influence Now that the old order of things is passing away, society is in a state which might be described as intermediate between two forms of crystalization. The old condition of things www.fastio.com broken up or are

rapidly breaking up and they are seeking new affinities. The near future will probably decide the mode of rearrangement of the social forces.

It is at this moment when Korean society is in a plastic state that we deem it opportune to put out this sheet as an expression at least of our desire to do what can be done in a journalistic way to give Koreans a reliable account of the events that are transpiring, to give reasons for things that often seem to them unreasonable, to bring the capital and the provinces into greater harmony through a mutual understanding of each other's needs, especially the need that each has of the other.

Our platform is—Korea for the Koreans, clean politics, the cementing of foreign friendships, the gradual though steady development of Korean resources with Korean capital, as for as possible, under expert foreign tutelage, the speedy translation of foreign text-books into Korean that the youth may have access to the great things of history, science, art, and religion without having to acquire a foreign tongue, and LONG LIFE TO HIS MAJESTY, THE KING.

LOCAL ITEMS.

Minister Min Yong Whan, attaché Yun Chi Ho and Secretaries Kim Dik Yun and Kim Do Il left for Russia on the 1st inst.

It has become evident that the disturbances in the country are not the result of disaffection toward the government but are simply the excesses indulged in by lawless characters who take advantage of the present lack of strong central control, knowing that for the moment they will go unpunished. We could wish that they might take warning from the fate of similar attempts in the past and remember that sooner or later their sins will find them out. We decidedly refuse to believe that any large fraction of the country people are willing actors in these anarchical proceedings. The better informed Koreans in the Capital are this of opinion.

The Admiralty Court of Inquiry into the sinking of the *Edgar* pinnace at Chemulpo found that the launch was overladen and badly managed.

We learn with regret that a case of insubordination in the police force was condoned rather than punished because the offender had been given his position by a powerful official. Such things tend to bring into discredit an otherwise effective force.

The promptness with which the governor of Ha Ju was dismissed from his office when evidence of his malfeasance was forthcoming tends, insofar, to disprove the charge of inactivity which has been made against the present government.

At the Easter service in the Union Church, Hon J. M. B. Sill, U. S. Minister delivered an able address. The children rendered some Easter music very prettily. The altar was handsomely decorated with potted plants.

GOVERNMENT GAZETTE.
APR. 3rd.

Edict. Alas, of late the minds of the people have been disturbed by wrong ideas conveyed to them by the bands of bad characters calling themselves the "Righteous Army," These unscrupulous men incite to trouble and keep the country in an uproar. This is due to Our being unable to rule them properly and we consequently feel ashamed. We have sent Royal messengers in all directions and have ordered

the people to go back to their vocations in peace, but they do not seem to know what is right to do. We also sent the Royal troops to the disturbed district but we did not wish them to fight unless the people should resist the Royal Edict. The time has come for tilling the soil but the people have not yet returned to their duties and We fear that famine will follow. In that case We would not be able to eat or sleep in peace for thinking of the suffering of Our people. We are told that some foreigners have been killed by these rebellious bands and that some of Our people have been killed by foreigners, all of which shocks and pains us. As We have opened up intercourse with the world, We consider that we are all brothers, whether foreign or native born. For brothers to hate and kill one another is an offence to Heaven and will bring its punishment. Our messengers tell us that the governors and magistrates have received Our orders to protect the people regardless of nativity.

Ye people, cast away all savage customs, and become peaceful and obedient children. Cast aside the doubts and suspicious which you entertain against foreigners. The names of those killed, whether natives or foreigners, should be reported to us.

Appointments. Acting Minister of Education, Yi Wan Yong; Commissioners of the Royal Funeral, Yi Sun Ik and So Jung Sun; Cabinet Chusa, Yi Do Sang.

Dismissals. Governor of Kong Ju, Yi Jong Wun; Governor of Hai Ju, Yi Myung Sun; Vice Minister of Education, Yun Chi Ho; Police officers Pak Myung Sun and Kang Du Sik.

APR. 4th.

Appointments; Kyung Sung Bu Chusa, Pak Keui Hyok; Hai Ju Governor, Yun Kil Ku; Kong Ju Governor, Yi Kön Ha; Magistrates;— Mun Chun, Yi Han Yong; Pak Chun, No Ta Wu; Yung Am, Chung Won Sung; Ik San, Chung Keui Hyok; Tok San, Cho Jong Sö; Chong Eup, Kim Yon. Revenue Collectors;— Bong San, Yi Song Kun; Chin Cham, Yi Ki P'ung: Fa Ju, Yi Kyo Yul; An San, Han Ki Eung; Chöng P'yung, Pak Ju Kwan. Commission, ers of Reorganization of the Dstricts;— Kim Chung Whan, Yi Ha Man, Pak Söng Ki, Yun Chin Sök, Han Chin Chang, Yun Chul Kui, Kim Cha Yun, Kim Hi Sang, Yi Kyung Sang, Pak Yun Sung Yi Seung Won, Chöng Do Yung.

APR. 6.

Appointments;—Yun Chong Ku, Vice Minister of the Royal Household; Kim Jorg Han, Royal Chamberlain.

Killed;— In Suk Po, Hai Ju tax collector, in Chang Yun, by the rebels

LATEST TELEGRAMS.

Madrid Mar. 6. Great activity has been observed in the arsenals. The army and navy are prepared for emergencies.

Madrid Mar. 8. With the view of putting a stop to rowdy manifestations against the Americans in Valencia, the town has been declared in a state of siege.

Madrid Mar. 12. The Cuban merchants have withdrawn all indents for goods from the United States.

London Mar. 14. Egyptian troops will advance without delay to occupy Dongola. * * * It will comprise 8000 of all arms. * * * This unexpected decision has caused surprise and irritation in Paris.

London, Mar. 24. Popular excitement has been renewed in Spain and the news papers declare for war rather than America should interfere in Cuba.

London Mar. 24. During the hearing of the charge against Dr. Jameson, a witness deposed to handing Major Willoughby dispatches recalling the expedition, which Dr. Jameson refused to recieve.

A Shanghai despatch of Mar. 24, States that 13 Koreans arrived from San Francisco on Mar. 23rd, It has not yet been ascertained who they are but some of them are supposed to be Ministers (?)

Nagasaki Mar. 27. A Russian steamer arrived here from Odessa yesterday with 1500 soldiers on board. She left this morning for Vladivostock.

일본인이 발행한 〈한성신보〉

　서재필이 신문을 발간하기로 한 또 다른 동기는 이미 일본인들은 서울에서 신문을 발행하고 있었다는 정황도 작용했다. 일본인들은 〈독립신문〉에 1년 앞서 1895년 2월 16일부터 한국어와 일어로 편집하는 〈한성신보(漢城新報)〉를 발행하고 있었다. 1895년에 일어난 청일전쟁이 끝나지 않은 때에 일본 외무대신 무쓰 무네미쓰(陸奧重光)는 히로시마 대본영에 머물면서 러일전쟁 후 조선에서 일본의 권익을 확보하고 확장하기 위한 선전기관으로 활용할 신문 발간을 계획하였다. 무쓰가 외무성 보조금 1천200엔을 지급하여 서울에서 창간한 신문이 〈한성신보〉였다. 그러나 외무성은 전면에 나서지 않고 민간인 신문으로 위장하여 발행한 신문이었다.

　〈한성신보〉는 4페이지 가운데 3페이지가 국한문 혼용의 한국어였고, 1페이지는 일본어였다. 〈한성신보〉는 창간되던 해인 1895년 10월 8일 명성황후를 시해하는 을미사변의 비밀 본거지였다. 시해에 가담한 일본인들은 〈한성신보〉 사원을 비롯하여 일본 순사, 상인, 낭인(浪人) 등 각종 직업에 종사하는 자들로 48명에 이르렀다. 명성황후 시해사건에는 〈한성신보〉 기자 외에도 일본 〈국민신문(國民新聞)〉 특파원으로 와 있던 기쿠치 겐조(菊池謙讓), 야마다 레세이(山田烈聖:〈日本新聞〉 특파원), 요시다 유기치(吉田友吉:〈報知新聞〉 통신원)도 가담하여 추방당한 관련자 가운데 포함되어 있었다.

　일본은 서재필의 신문 발행 계획에 신경을 썼다. 서재필의 신문이 반일적인 논조로 발행될 것을 예견했던 것이다. 서재필은 일본의 방해로 한때 신문 발행을 포기할 생각까지도 가졌으나, 조선정부의 지원을 받아 신문 발행을 추진하였다.

　신문 발간과는 별도로 서재필은 귀국 직후 조선정부의 중추원 고문에 임명되었다. 중추원 고문 계약조건은 10년 기한으로 월봉 300원의 보수를 받는 조건이었다. 조선정부는 서재필을 중추원 고문으로 임명하여 생활을 보장하고, 신문사 설립자금 3천원과 개인 생계와 가옥 임대비 명목으로 1천400원을 추가로 서재필에게 지급해 주었다. 서재필이 정부로부터 〈독립신문〉의 창간에 필요한 경비로 지원 받은 금액은 모두 4천400원이었으며, 중추원 고문

일본 공사관의 지원을 받아 발행되던 〈한성신보〉는 갑신정변 후 미국으로 망명했던 서재필이 의학을 연구한 뒤 12월 26일 인천에 도착하였다고 보도했다. 1895년 12월 27일자.

〈한성신보〉의 보조금 증액 요구. 서재필이 〈독립신문〉을 발행하자
주한 일본공사관의 지원으로 발행되던 〈한성신보〉는 신문 발행에 소요되는
보조금을 증액하여 〈독립신문〉에 대응할 계획을 세웠다.

자격으로 매월 300원의 급료를 받고 있었으므로 생계를 걱정할 필요도 없었다.

조선정부는 정부 건물을 〈독립신문〉의 사옥으로 사용하도록 임대해 주는 특혜도 베풀었다. 이 가옥의 임대에 관해서는 후에 정부와 서재필 사이에 견해가 정반대로 엇갈려 분쟁이 일어나기도 했다. 정부에서 무상으로 '양도'하였다는 서재필의 주장과, 무상양도가 아니라 '임대'였다는 정부의 주장이 맞선 것인데, 서재필이 정부의 건물을 무상으로 사용하면서 신문을 발행할 수 있었던 것은 사실이다.

조선정부가 서재필의 신문 발행을 지원한 것은 정부도 신문 발간의 필요성을 느끼고 있었기 때문이다. 정부는 이미 13년 전에 〈한성순보〉와 〈한성주보〉를 발행한 경험이 있었으므로 개화와 국가 발전을 위해서 신문의 발간이 중요하다는 인식을 일찍부터 가지고 있었다. 이와 함께 일본인이 발행하던 〈한성신보〉와 대항하겠다는 의도도 있었다. 명성황후 시해사건 이후 조선정부는 〈한성신보〉의 구독을 금지하는 등의 적대 정책을 쓰기 시작했고, 한국인들의 반일 감정도 고조되고 있었다. 따라서 정부는 〈독립신문〉의 창간자금을 전액 지원하였을 뿐 아니라, 신문 우송요금을 할인하고 취재활동에도 편의를 제공하는 등의 특혜를 주었다.

〈독립신문〉은 당시의 상황과 서재필의 생각, 이전부터 신문발간에 관심을 가지고 있었던 윤치호 등 개화파들의 협력, 그리고 조선정부의 인식이 일치하여 창간된 것이다. 그러나 신문 창간의 가장 핵심적인 역할을 한 사람은 서재필이었다. 그는 미국에서 신문이 국민 계도와 여론형성에 미치는 영향을 보았기에 신문 발행을 계획했던 것이고, 뛰어난 식견과 애국심, 개화를 열망하는 확신, 그리고 추진력이 있었으므로 〈독립신문〉과 같은 신문을 창간할 수 있었다.

조선정부가 서재필의 〈독립신문〉 창간을 지원하자 〈한성신보〉는 어려움이 가중되었다. 1896년 5월 30일 주한 일본공사 고무라 주타로(小村壽太郎)가 외무대신 무쓰에게 보낸 보고는 〈독립신문〉이 〈한성신보〉를 없애버리려는 의도를 지닌 것으로 보고 있다. 고무라는 외상 무쓰에게 다음과 같이 보고했다.

"신정부(조선정부)는 갑자기 반항하는 한 수단으로서 〈독립신문〉이라는 것을 발간시키고 이에 될 수 있는 한 편리를 제공하여 이 신보와 경쟁시키려고 하기에 이르렀습니다. 아마도 신정부가 기대하는 바는 이 신보를 완전히 없애버리는 데 있는 것으로 생각되었습니다."

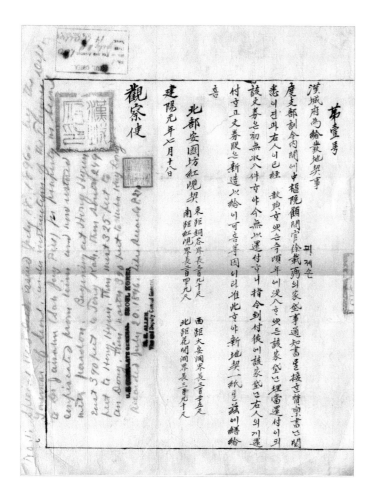

한성부가 발급한 지계(地契). 중추원 고문관 서재필의 가대(家垈)를 서재필에게 돌려주고 문권(文券)은 새로 만들어 발급했다. 갑신정변 때 역적으로 몰려 몰수당했던 재산을 돌려준다는 내용이다. 1896년 7월 18일.

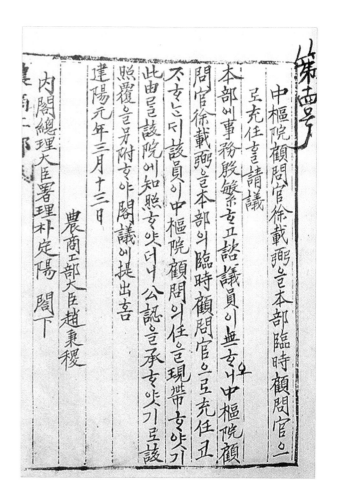

농상공부 임시고문관에 서재필 임명. 서재필은 먼저 중추원 고문에 임명되었는데, 농상공부 고문을 겸하도록 하였다. 농상공부 대신 조병직이 내각총리대신 서리 박정양에게 보냈다. 1896년 3월 13일.

동양론

서재필 | 〈대조선독립협회회보〉 제 6호, 1897. 2. 15.

동양은 세계 오대주 안에 제일 큰 대륙이요 그 중에 큰 서음[섬]들도 만히 잇고 인구도 제일 만흐나 지금 동양 경계는 대단히 참혹 한지라 아세아 서쪽은 지금 토이긔[터키] 속국인데 그저 야만의 풍속이 만히 잇서 백성이 도탄에 잇고 도적이 사면에 횡행하며 악형과 고약한 풍속이 성하야 인민의 목숨과 재산이 튼튼치 아니하고 그 다음은 파샤국[페르샤]인데 그 나라도 역시 토이긔 속지와 갓하 나라이 점점 못 되야 가고 아라사[러시아]와 영국 권리가 대단히 성 하야 독립하는 권리를 거의 다 뺏기게 되고 아푸간니스탄은 영국 아라사 틈에서 해마다 점점 업서져 가고 인도는 발서 영국 속지가 되야 일억만명 인구가 오날날 영국 관활이 되여 지내니 나라는 동양 나라나 실상인즉 영국 속지라 말 하잘 것 업고 면전국[미얀마]은 청국 속국으로 몃 해를 잇다가 년전에 영국 속국이 되엿고 안남[베트남]도 이왕에는 청국 속국이더니 년전에 불난서 속국이 되엿고 섬나[태국]는 청국 속국을 면하야 오날날까지 자주 독립은 하나 년전에 불난서에게 땅을 삼분지 일을 뺏기고 또 영국에 그만큼 뺏겻는지라

나라 형세가 매우 약 하나 섬나 정부에 개화 한 사람이 만히 잇서 외국 정치를 힘 드려 본밧는 까닭에 오날날까지 자주독립을 보존 하고

청국은 지면이 크고 인구가 삼억 만명이 되나 정치가 고약하고 인민이 완고하야 지금 약하기가 조선에서 못지 안코 백성이 도탄에 잇스며 정부에 완고당이 성 하야 야만에 복색과 야만의 풍속을 지금까지 숭상하는 까닭에 영국이 향항[홍콩]을 차지하고 아라사가 아세아 북편을 모도 차지하고 지금 만주와 요동이 아라사 손 속에 들엇고 청국 남방 지방을 불난서에 뺏기고 일본하고 싸홈하야 셰계에 망신을 하고 조선을 일허 버리며 대만을 일본에 뺏기고 또 년전에 유구국[오키나와]을 일본에 뺏기며 전국 형세가 대단히 위태 하게 되얏스나 청국 정부 안에서는 밤낫 협잡이요 구습을 바리지 못 하야 문구와 허탄한 일에 돈을 쓰고 셰력 잇는 사람이 약한 사람을 무리하게 대접하는 고로 정부와 인민이 원수같이 지나고 인민끼리 서로 의심 하며 서로 속이며 서로 해 하랴고 하야 국중에 삼억 만명이 잇스나 합심이 아니 되고 애국하는 마음이 업는 까닭에 실상인즉 약 하기가 조선에서 못지 아니 한지라 엇지 한심치 아니하리요

일본은 근년에 구습을 모다 바리고 태서 각국에 죠흔 법과 학문을 힘들여 배운 까닭에 오날날 동양 안에 제일 강하고 제일 부요하며 세계에 대접 밧기를 개화한 동등국으로 밧으니 치하 할만 하고 칭찬 할만 하더라 그러하나 일본도 아즉 구라파 각국과는 겨뤄보기 어려워 조심을 하고 더 배호며 더 진보를 하여야 아죠 독립권을 차질 터일너라 청국 남쪽에 잇는 서음들은 지금 서반아 속지인데 독립을 할양으로 근일에 내란이 나서 지금까지 싸홈이 그치지 아니 하엿더라

조선은 청국 학문을 배운 까닭에 각색 일이 청국과 같은 일이 만코 나라 형세가 청국과 갓하니 어찌 서럽고 분치

아니하리요 그러 하나 국중에 잇는 인민들이 죵시 구습을 죠하하고 생각하기를 청국 학문들을 가지고 생각한즉 이 거슬 변치 아니하고 청국 모양으로 완고하게 잇스면 후사는 엇더케 되는지 우리가 말하기는 어렵더라

이 책을 보는 사람들이 생각이 잇고 지혜가 잇스면 나라를 사랑하고 백성을 구완 할 뜻이 잇스며 슬어도 구습을 버리고 문명진보 하는 학문을 힘쓰며 마음을 합하야 나라 일을 하며 올코 정직하고 공변되고 편리하고 실상으로 유익하고 자주독립을 할 마음을 가지고 일을 하며 사샤와 청과 비루한 것과 완고한 뜻을 내여 버려 나라를 속히 셰계에 대접 밧고 농샹공무와 교육과 법률과 각색 정치를 유신케 하는 거시 다만 나라만 보호 할뿐만 아니라 몸과 집을 보호 하는 양책이니 안남이나 면전이 되랴면 될터이요 동양에 자주 독립 하는 부강한 나라히 되랴면 될 권리가 조선 사람의 손 속에 잇더라 이거시 동양 정세이니 참작 하야 제군은 읽어 보시오.

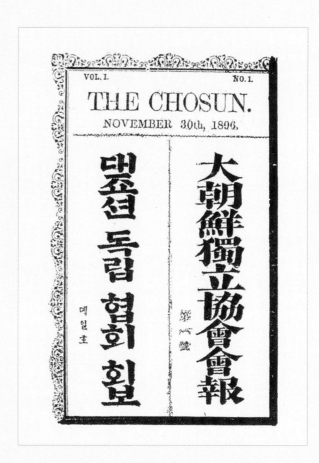

[편자 주] 제국주의 열강이 동양 여러 나라를 침략하여 식민지로 만들던 당시의 정세를 논한 글이다. 다른 나라가 침략 당하는 예를 들어 우리도 하루 빨리 구습을 버리고 문명진보하는 학문을 힘쓰며 정치를 개혁하여 자주독립의 부강한 나라로 만들어야 한다고 역설한다. 〈대조선독립협회회보〉는 독립협회의 기관지로 1896년 11월에 창간되어 월 2회 발행한 잡지였다. 맞춤법과 띄어쓰기는 현행대로 약간 바꾸었으나 문장은 원래대로 두었다.

언론을 통해 펼친 개화 운동

서재필은 1896년 4월 7일 〈독립신문〉을 창간하였다. 언론을 통한 개화운동이 본격적으로 시작되었다. 정부는 신문의 창간에 필요한 재정적인 지원을 아끼지 않았으나, 제작과 경영에 관해서는 간여하지 않았다. 서재필은 〈독립신문〉의 발행에 심혈을 기울였다. 서재필은 신문이 "정치문제를 토론하려는 것이 아니라, 나의 생각을 인민에게 전달함으로써 이 심각한 문제의 해결을 도모하고자 하는 데 있다"고 말했다. 정부는 인민의 정황을 알아야 하고 인민은 정부의 목적을 알아야 한다. 정부와 인민의 상호이해를 위한 유일한 방법은 양측의 교육 외에는 없다는 것이다.

서재필의 생각은 〈독립신문〉 창간사에서도 그대로 드러난다. 〈독립신문〉은 정부와 국민 사이의 가교역할을 담당할 것임을 명확히 밝혔다. "정부에서 하시는 일을 백성에게 전할 터이요 백성의 정세를 정부에 전할 터이니 만일 백성이 정부 일을 자세히 알고 정부에서 백성의 일을 자세히 아시면 피차에 유익한 일만이 있을 터이요 불평한 마음과 의심하는 생각이 없어질 터이옴"이라 하여 정부와 국민의 상호이해를 신문 발간의 중요한 목적이라고 밝혔다.

〈독립신문〉 창간사를 서재필이 썼을 것이라는 사실은 그가 신문 창간에 앞서 〈코리안 리포지토리〉에 기고했던 영문 논설과 대조해 보면 움직일 수 없는 사실로 증명된다. 당시 정세에 대한 서재필의 인식이 어떤 것이었는지도 정확히 알 수 있다. 서재필은 6월 30일자 논설에서 다음과 같이 자신의 주장을 토로했다.

백성들이 정부에서 무슨 일을 하는 줄 알아야 가부간에 말도 하고 나라 일에 전국 백성이 힘도 쓸 터이라……그런고로 조선 사람들이 지금 힘 쓸 것이 무슨 일이든지 공사 간에 문 열어 놓고 마음 열어 놓고 서로 의론하야 만사를 작정하고 컴컴한 것과 그늘진 것은 없애버리고 실상과 이치와 도리를 가지고 햇빛에서 말도 하고 일도 하는 것이 나라에 중흥하는 근본인 줄로 우리는 생각 하노라. (〈독립신문〉, 1896. 6. 30, 「논설」)

서재필은 〈독립신문〉을 발행하는 한편으로 독립협회의 창립과 그 운영, 독립문 건립, 그리고 배재학당에서의 강의 등에도 정열적으로 헌신했다. 그가 이 같은 활동을 열정적으로 펼칠 수 있었던 것도 신문이 있었기에 가능했다. 신문을 통해서 여론을 형성하고 개화세력의 힘을 결집시킬 수 있었기 때문이다.

언론자유에 관한 〈독립신문〉 논설. 언론자유[言權自由]는 하늘이 내려주신 천생권리(天生權利)라고 전제하고 그 중요성을 강조했다. 언권자유를 억압하면 공론이 없어지고, 공론이 없어지면 정부 관리들이 인민을 압제하여 국가가 위태롭게 된다. 동서양의 역사를 보면 언권자유를 허용하는 나라는 성하고 입을 틀어막아 시비를 못하게 하는 나라는 위태롭다. 언권자유는 나라 다스리는 큰 강령(綱領)이라고 설파하였다. 서재필이 미국으로 돌아간 뒤의 지면이지만 서재필의 언론자유에 관한 신념이 반영되어 있다. 1899년 1월 10일자.

미일 출판

황성 독립신문 대한

데四권 〈건양 원년 四월 七일 룡신공부 인가〉 第五호

광무 三년 一월 十일 화요 장간 동전 젼호 판

각국

○ 사람의 그 흠을 궁구 호슈 업스면 그 립즈와 다 주지 아니 홋흐며 혹 압셔며 혹 뒤셔교 혹 그 사통 보 노이 주신 권리를 엇지 다 길기도 어느 아니 호리오 호며 짜르 다 정부던지 그 인민의 지산과 권리를 보호 호 직분이오 쏘 언권 주유 호는 권리를 엽시 홈면 공론이 엽서지고 공 론이 엽서지면 정부 관인들이 되 준되를 밧으나 국가 압제를 숭샹 호고 박성의 원슈가 그다지 젹으되 정부는 잔약 호야 외국 사름의 게 로예 굿치 되고 박성은 도탄에 들어셔 굿치 천 두 나라문 보아도 언권 주유를 박 성의게 주는것이 국가를 흥 호눈

○ 새 친구와 벳집은 녜게 홈눈 나라눈 위퇴 호고 그런 나라에는 만모를 자심히 당 호나 이 언권 주유가 나라 다소 성의게 주눈것이 국가를 흥 호눈

명답

덕국 밋지 말나 말에 말길을 열면 란길을 막논다

권력 비판과 외세 저항

〈독립신문〉에 앞서 1883년 10월부터 1888년 7월까지 정부 기구인 박문국에서 〈한성순보〉
와 〈한성주보〉를 발행하였지만 〈독립신문〉은 그 내용과 운영방식에서 뚜렷한 차이를 나타내
었다. 순보와 주보는 정부가 직접 발행하였으므로 논평과 비판에 관한 개념이 없었다. 하지만
〈독립신문〉은 시국에 관해서 당당한 논평을 펴고 정부와 권력자를 거리낌 없이 비판했다. 신
문의 가장 중요한 기능은 정부와 권력에 대한 감시와 비판이다. 〈독립신문〉은 이 같은 역할을
충실히 수행하였다. 1면 머리에 논설을 실어서 정부와 집권 위정자들의 비정(秕政)을 가차 없
이 비판하고 탐관오리들의 부정부패를 폭로하였으며, 민간인의 잘못도 날카롭게 지적하면서
계몽적인 논조를 펼쳤다.

서재필은 창간호 논설에서 "정부 관원이라도 잘못하는 이 있으면 우리가 말할 터이요 탐관
오리들을 알면 세상에 그 사람의 행적을 펴일 터이요"라고 선언하였다. 실제로 그는 부패 무
능한 정부 관리들을 과감하게 비판하는 한편, 이권침탈에 혈안이 된 열강 세력의 부당한 요구
와 음모를 숨김없이 폭로하였다.

서재필이 정부의 고관과 양반이나 하급 관리를 불문하고 용기 있게 비판할 수 있었던 것은
그가 미국 국적을 지닌 신분이기에 가능했다. 정부는 그에게 위해를 가하거나 처벌 또는 신
체적인 구속을 할 수 없었다. 법적으로 미국 시민이었기 때문에 서재필은 미국 공사관의 신
분 보호를 받는 치외법권을 누릴 수 있었다. 만일 서재필이 한국인 신분이었다면 〈독립신문〉
을 통해서 그와 같이 거침없는 태도로 정부와 관리들을 비판하기 어려웠을 것이다. 관존민비
의 사상이 지배하던 당시의 정황에서 그는 엄중한 처벌을 면치 못했을 것이다. 서재필이 권력
을 향해서 성역 없이 비판할 수 있었기에 그 후에 나오는 다른 신문들도 같은 수준의 비판이
가능하게 되었고, 이로써 한국의 신문은 출발단계에서 강력한 비판기능을 수행할 수 있었던
것으로 평가할 수 있다. 만일 서재필의 신문이 미국에서 신문이 누리던 수준의 비판적 기능을
지니지 않았다면 그 뒤에 출발하는 다른 신문들이 그와 같은 단계에 도달하기까지는 상당한
시일이 소요되었을 것이며, 그만큼 발전은 지체되었을 것이다.

서재필도 자서전에서 자신이 미국 시민권을 지녔기 때문에 신체상의 위해를 받지 않았다
는 사실을 토로하였다. 서재필은 "나를 미국 사람이니 외인이니 하는 비방도 들었다. 그러나
만일 단순히 갑신정변 때의 한 망명가로서 귀국했더라면 신명을 보존치 못했을 것은 명확한
일이었다"고 말했다.

〈독립신문〉은 국민의 권리와 의무가 무엇인가를 가르쳐 주었다. 국민이 나라의 주인이며
관리는 국민을 위해 봉사하는 존재임을 깨우쳐 주었다. 서재필은 서대문 밖 독립회관에서 열

서재필은 독립협회를 결성하고
모화관을 개수하여 '독립관'을 만들었다.
독립관 강연에 많은 시민들이 모여 들고 있다.
서재필은 독립협회를 설치한 주목적이 한국에서
전혀 알지 못하던 여론(public opinion)을
형성하려는 것이라고 말했다.

서울 서소문 근처 자신의 저택에서 큰 딸 스테파니를 안고 있는 서재필.
진고개에서 일본인이 영업하던 옥천당(玉川堂) 사진관이 찍었다.

린 공개강연에 참석하여 국민의 권리와 시민으로의 의무에 관해 연설하였다. 일요일에 열린 토론회에서는 민주적인 의회의 규칙과 상대방을 면전에서 공격하지 않으면서 공정한 절차에 따라 토론하는 방법을 가르쳤다.(Philip Jaisohn, 『My Days in Korea and Other Essays』, pp.31-32.) 독립협회의 토론회는 주제를 정한 다음에 좌우 양편으로 나누어, 한쪽에서 두 사람씩 주제발표를 한 다음 토론하는 방식으로 진행하였다. 토론회의 내용은 〈독립신문〉에 보도하여 많은 사람이 모일 수 있도록 유도하였다.(〈독립신문〉에는 토론회 관련 기사 21건이 실려 있다. 1897년 한 해만 해도 8월 31일부터 9. 7, 9. 16, 9. 23, 10. 2, 10. 23, 10. 30, 11. 6, 11. 13, 11. 27, 12. 4, 12. 11, 12. 18, 12. 24, 12. 30 등의 「잡보」란에 실렸다.)

〈독립신문〉이 창간 된지 2년 뒤에는 여러 신문이 사회의 공기(公器)로서 나타나게 되었다. 새로운 신문이 나타난 1898년은 한국 언론사에서 그 이전과는 뚜렷이 구분되는 특징적인 획을 그은 해였다. 이해 1월에는 배재학당 학생회인 협성회가 주간으로 〈협성회회보〉를 발간하다가 4월부터는 이를 일간으로 발전시켜 우리나라 최초의 일간지 〈매일신문〉이 탄생되었다. 이어서 한말 대표적인 민족지 〈제국신문〉(8월 10일)과 〈황성신문〉(9월 5일)이 창간되어 우리나라에도 '언론계'가 형성되었다. 이리하여 최초의 언론단체인 '신문사친목회'가 결성되어 언론의 자유와 경영문제 등을 공동으로 논의하면서 언론인들의 친목을 도모하게 되었던 것도 이 해의 일이었다.

한 해 뒤인 1899년 1월에는 홍중섭과 장지연이 〈시사총보〉를 창간하였고, 〈매일신문〉의 판권을 인수한 상무회사가 〈상무총보〉를 발간하였다. 이와 같이 1898년을 전후하여 우리나라의 언론계는 여러 신문이 동시에 나타나게 되었다. 그 가운데서 〈황성신문〉과 〈제국신문〉 두 신문은 한말 대표적인 민간신문으로 1910년까지 발행되었다. 〈황성신문〉은 국한문 혼용으로 제작되었고 〈제국신문〉은 한글전용을 고수하여 뚜렷한 특색을 나타내었다.

〈독립신문〉이 창간 된지 2년 뒤부터 여러 신문이 동시에 나타난 것은 〈독립신문〉이 신문 경영의 방법을 제시해 주었기에 가능했던 것이다. 이들 신문의 논조가 정부와 권력을 향한 비판과 외세의 침략에 저항하는 자세로 확립된 것도 〈독립신문〉의 영향을 받았음이 확실하다. 당시 외국 공관은 정부 대신들보다도 신문을 더 꺼리게 되어 "군사 몇 만 명보다 더 어렵게" 여길 정도였다.(〈제국신문〉, 1898.8.15, 「논설」)

이밖에도 〈독립신문〉은 한글을 전용하여 누구나 읽기 쉽도록 만들었다. 배우기 쉽고 쓰기 편한 한글 전용의 신문을 제작하여 한글을 일상적인 공용 문자로 격상시켰다. 그 후에 창간되는 한말의 다른 민간 신문이 한글을 사용하게 된 것도 〈독립신문〉의 선구적인 한글 전용에 영향을 받았다. 구독료를 싸게 하여 상하귀천 상관없이 많은 사람이 볼 수 있도록 하였기 때문에 신문의 대중화를 촉진하였으며, 독자들에게 사실을 알리는 역할과 함께 논평의 기능과 광고 매체의 기능까지 지니고 있다는 사실을 실증하였다는 점 등이 언론사에 미친 큰 영향이라 할 수 있다.

British and Foreign Bible Society
한국지부의 알렉스 켄무어(Alex Kenmure)가
서재필에게 보낸 축하 편지. 서재필의
신문기사를 보고 깊은 인상을 받았다고
말하면서, 서재필이 딸을 얻게 된 것을
아울러 축하하고 있다. 1897년 6월 12일.

British and Foreign Bible Society

(KOREAN AGENCY).

MR. ALEX. KENMURE.
AGENT

Seoul, 12th June, 189

My Dear Jaisohn.

인력거를 탄 서재필의 부인 뮤리엘과 큰 딸 스테파니.
딸의 첫 번째 생일날 일본 도쿄에서 촬영했다.

독립협회 결성하여 고문으로 취임

서재필은 자각된 민중의 힘으로 조국을 '자주독립의 완전한 국가'로 만들기 위해서는 정치적 단체가 필요하다고 판단했다. 독립협회는 1896년 7월 2일 독립문 건립과 독립공원 조성을 창립사업으로 하여 발족되었다. 거의 모든 고급관료와 다수의 일반 민중이 독립문 건립 보조금을 냈고, 독립협회의 회원이 되었다. 창립총회에서 선임된 임원진은 고문에 서재필, 회장에 안경수, 위원장에 이완용, 위원에는 김가진·김종한·이상재 등 8명, 간사원에는 송헌빈·남궁억 등 10명으로 당시 국내에서 영향력 있는 인사들이 망라되어 개혁운동을 펼치면서 광범한 지지를 받았다. 독립협회의 강령은 당시 사회에서 누구나 공감할 수 있는 자주독립과 충군애국(忠君愛國)이었다.

〈독립신문〉은 독립협회 창립과 사업추진의 원동력이 되었다. 독립협회는 〈독립협회회보〉를 발행하고 1898년에 창간된 민간신문인 〈매일신문〉, 〈제국신문〉, 〈황성신문〉도 독립협회의 활동을 널리 알리면서 여론을 환기했다. 1897년 8월 29일부터는 정기적인 토론회를 개최하여 민중을 계몽하고 개혁의 여론을 조성했다. 회원들에게 회의 진행법과 연설법, 그리고 다수결 원칙 등 효과적인 의사표현 방법과 민주적인 행동 성향을 배양하여 민중운동의 주도세력을 양성하였다. 이 같은 민중계몽운동은 민권의 개념조차 모르던 전근대적인 민중을 계도하여 근대사회의 운영 속에 조직화하고, 민중의 정치운동을 발생시키는 데 결정적인 역할을 하였다.

독립협회의 결성을 알리는 「논설」이 게재된 1896년 7월 4일자 〈독립신문〉.

삼십구호 독립신문 뎨일권

죠션 셔울 건양 원년 칠월 이십 오일 요일 훈장 갑오 문

논셜

○아마 죠션도 차차 되야 가나 보더라 잇지 야 그럿쇼 죠션 사람들이 다만 조긔 몸만 싱각 하는 님 덕에 독립이 되야 하니 죠션 대군쥬 폐하씌셔 대군쥬 폐하씌셔 각국 대 자들 안 하고 공심이 잇 셔 조긔 죽어니야 돈 셰계에 조곰 잇 런 경소를 지 셰계에 을 위 하야 무슴 일도 하 후셩들의 게도 이 아니요 죠션 대에 죠션이 보이고 조쥬 독립 하 셰계에 독등국이 되며 셰비에 동등국이 되며 죠션 폐하씌셔 각국 대 왕들과 굿혼 권을 가지 시게 하랴는 뜻시 잇스 며 동포 형뎨들을 위 하 야 죠혼 일을 하야 공파 명예와 영광을 회빗과 며 명예와 영광을 회빗과 곳치 빗 내랴는 뜻시 잇 야 죠혼 일을 하야 공파 야 죠혼 일을 하야 공파 덕이 모도 밋치게 하랴 노젼 하랴는 뜻시 잇는 연고라 무슴 일들을 하 엿기에 죠션 사람들을 하 누뇨 다른거슨 오늘날 이런 뜻슬 잇는줄을 아 다 말숨슈 업거니와 하

가지 일을 보면 대강 이런 뜻시 잇는줄을 일 노라 그거시 무슴 일이뇨 이들 초 잇혼 날 새 외부에 여러 분들이 모혀 의론 하기 를 죠션이 멋히를 청국 쇽국으로 잇다가 사업이 잘 되거드면 출렴 내엿던 사람들은 다 셰계에 인국 인민 형뎨 들 낫터이나 이 일에 하나를 가지고 보거드면 죠션도 차차 죠션 인민이 을 위 하야 무슴 소업이 싱겨 동포 형뎨 보이지 아니 하오 이일에 발과 인은 안경슈씨 죠션이 세계에 광고 도 리완용 김가진 리유용 김죵한 권지형 현흥턱 김각 영회 민상호 남궁역 리치연 리샹지 현회 의쟝 겸 회계쟝은 안경슈씨가 되엿고 위원장은 리완용씨가 되고 위원은 김가진 김죵한 민상호 리완용 리치연 권지형 현흥턱 리 유용 김죵한 리치연 리샹지 리

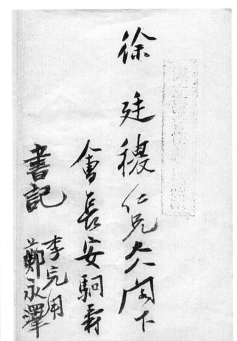

독립협회 토론회 규칙. 임원, 재정, 회기, 징계, 회의 운영방식 등 총 23개 조항에 걸쳐 규정하고 있다.
독립협회는 우리나라 최초의 근대적인 사회정치단체. 1896년 7월부터 1898년 12월까지 열강의
침탈과 지배층의 민권유린 상황 속에서 자주국권, 자유민권, 자강개혁 사상에 의하여 민족주의,
민주주의, 근대화 운동을 전개하였다.

이 잇는지 장정을 어긔고 쳔단히 상경 ᄒᆞ고로 목격이라 일동즁이 그긋치 함심되여 올코 죠흔

지작일에 니부에셔 엄쳑 훈령 ᄒᆞ엿다더라 일 ᄒᆞᄂᆞᆫ것을 우리는 치하 ᄒᆞ거니와 경무쳥에셔

○샤범학교 교ᄉᆞ 헐버트씨가 일젼에 길 우혜셔 경찰을 널니 힘써 그런 빅셩들의게 보호를 더 잘

쇼학교 학도 ᄒᆞ나흘 구타 ᄒᆞ고로 학도들이 모도 ᄒᆞ여 쥬어스면 빅셩과 경부 사이에 셔로 ᄉᆞ랑ᄒᆞ

혁 학부대신의게 호쇼ᄒᆞ기를 외국 교ᄉᆞ의게 무 ᄂᆞᆫ의가 든든ᄒᆞ여 질너라

리히 봉욕 ᄒᆞ엿스니 되학 ᄒᆞ겟다고 들 ᄒᆞᆫ다더라 ◎독립관 토론회 회원들이 졍부에 다시 편지 ᄒᆞ

○리슌구라 ᄒᆞᄂᆞᆫ 사람이 그 스촌 리병구의 집에 ᄀᆞᆺ을 긔지ᄒᆞ노라 경계ᄌᆞ 젼 고문관 제손의 가고

셔 슉식ᄒᆞ고 잇더니 지작일에 경무쳥에 고발 ᄒᆞ 머무ᄂᆞᆫ 스건으로 써 이긋치 여러번 배푸옴이 외

기둘 리병구와 최학뇌와 경츈긔등이 사쥬젼 ᄒᆞ 월ᄒᆞ오나 귀답쟝을 밧드러 보온즉 뇌기에 히원

다ᄒᆞ야 경무쳥에셔 그 졔사ᄅᆞᆷ을 잡아 가두고 리 이 고방ᄒᆞᆫ지 멧히 동안에 효험이 업지안타 ᄒᆞ왓

○슌구도 ᄯᅩᄒᆞᆫ 가두어 사핵 ᄒᆞᄂᆞᆫ 즁이라더라 슌죽 히원에 학문이 인민 긔명ᄒᆞ기에 효험이 잇

○셔강사는 오건영씨가 동즁에 쳐쳐에 도젹이 심ᄒᆞ미 류가 자유에 잇스니 강만키 어렵다 ᄒᆞ옵심은 우

가이 고등ᄒᆞ여 동즁에 말ᄒᆞ기를 근일 곡 슘은 졍부와 인민의 의견이 다롬이 업거ᄂᆞᆯ 그거

혜 쟝명등을 달고 길목에 이문을 짓고 밤마다 웅 리의 어리셕은 쇼견으로 과연 헤아리기 업렵스

슌경을 돌되 슌경도ᄂᆞᆫ 사ᄅᆞᆷ들이 돌녀가며 오 오며 지금 본회의셔 만류 ᄒᆞ기를 쳥ᄒᆞᆷ이 간졀히

홀 슌경막을 지으면 그 부비가 불쇼ᄒᆞᆫ즉 집집마 젼긋치 고방ᄒᆞᆷ을 쳥ᄒᆞᆷ이 아닌줄은 업되여 셩각

다 얼마식 뉘ᄂᆞᆫ것이 아죽온 어려운듯 ᄒᆞ나 이런 건된 반다시 죠쵹 ᄒᆞᆯ지라 되기 우리나라 셩도

셰상에 졀발지환을 면ᄒᆞ여 동리 사ᄅᆞᆷ의 집마 가 외국에 가셔 공부ᄒᆞᆷ을 보건되 나라 직물을 비

각각 지산을 안보ᄒᆞᆯ것 갓트면 다ᄒᆡᆼᄒᆞᆫ 일이라 ᄒᆞ 용 ᄒᆞᆷ이 젹지안으되 효험은 오히려 더 티

미 동즁사롬이 다 올타ᄒᆞ여 돈을 슈합ᄒᆞ여 그몃 거놀 우리 본회ᄂᆞᆫ 쥬년아 못되여스되 인민에 지

가지틀 실시 ᄒᆞᆫ엿는딕 그 리웃 동리사ᄅᆞᆷ들이 그말을 식이 졈졈 진보ᄒᆞᆯ 긔망이 잇스니 일노 보건딕

듯고 오씨와 굿치 유지각ᄒᆞᆫ 사ᄅᆞᆷ들이 셔강의셔 국가의셔 지물을 만히 허비처 안코도 인민 긔명

혼ᄉᆞ건을 드러 동즁에 편론ᄒᆞ미 다각히 돈 뇌라 ᄒᆞ는 공을 낫타 뇌일터이오니 시죵이 혼갈긋치

ᄂᆞᆫ티ᄂᆞᆫ 실히 ᄒᆞ여 모다 못드른체 ᄒᆞᄂᆞᆫ ᄉᆞ동에 꾀 그 효험 이루기를 바라고 일졔히 만류ᄒᆞᆷ을 쳥ᄒᆞ

탄을 ᄒᆞ더라니 셔강일은 오씨에 널분 의량도 칭 오니 그 리히와 득실은 말ᄒᆞᆯ지 안어도 쇼연 ᄒᆞ

찬ᄒᆞᆯ만 ᄒᆞᆫ거니와 동즁 인민들이 울흔 말이라고 고로 이에 양포ᄒᆞ오니

ᄯᅡ라 힝ᄒᆞᆫ 것을 보믹 그동리ᄂᆞᆫ 졈차로 ᄒᆞᆼ왕ᄒᆞᆯ 죠양ᄒᆞ오셔 희원을 교육 명례로 인유케 ᄒᆞ여 주

독립관 토론회 기사가 아래 쪽에 실려 있는 〈독립신문〉 지면.

선각자 서재필 **85**

영은문 헐고 독립문을 세우다

서재필은 독립문 건립도 주도하였다. 독립문은 중국사신을 영접하던 사대외교의 표상인 영은문(迎恩門)을 헐고 그 앞에 세운 문이다. 1896년 11월 21일 정초식(定礎式)을 거행하여 1년 뒤인 1897년 11월 20일에 완공하였다. 건축양식은 서재필의 구상에 의하여 프랑스 파리의 개선문을 모방하였는데, 독립의 의지를 담았다는 역사적 상징성을 높이 평가할 수 있다.

독립문의 미니어처.

홍예문(=윗머리가 반원형이 되게 만든 문)의 이맛돌에는 이화문장(李花紋章)이 새겨졌다. 그 위의 앞뒤 현판석 한쪽은 한글, 다른 한쪽은 한자로 '독립문'이라는 글씨와 그 좌우에 태극기가 새겨져 있다. 이 문은 1917년 수리공사를 한 적이 있고, 1928년에는 기초가 내려앉을 위험이 있어 조선총독부에서 공사비 4천 원을 들여 경성부에 위탁하여 크게 수리한 바 있다. 그 당시 벽체 안쪽에 새로운 재료인 철근콘크리트를 보강하였다.

서재필은 광복 후에 독립문을 찾아 와서 옛 일을 회상한 적이 있었다. 그러나 1979년에는 성산대로 공사로 이전이 불가피하게 되어 그 자리에 「독립문지. 이전일자 1979. 7. 13. 서울특별시장」이라고 새겨진 기념동판(가로·세로 각 70㎝)을 묻고, 원위치에서 서북쪽으로 70m 떨어진 지점인 독립공원으로 옮겨 오늘에 이른다. 이전공사는 1980년 1월에 끝났다. 규모는 높이 14.28m, 너비 11.48m이며 사적 제32호로 지정되었다.

서재필이 정부 고위 관리들의 부정부패를 고발하고 열강의 이권침탈을 규탄하여 국가의 이익을 대변하고 국민의 여론을 선도하자, 불만을 품은 러시아 공사관과 정부 안의 수구파들은 서재필의 추방을 획책하였다. 이리하여 1897년 12월 13일 외부대신 조병직이 주한 미국 공사 알렌(Horace N. Allen)에게 서재필의 중추원 고문직 해임을 통보하였다. 이로부터 서재필을 대리하여 알렌과 대한제국 정부 사이에 교섭이 진행된 끝에 서재필은 정부로부터 2만 4천400원을 받아 미국으로 떠났다.

서재필이 미국으로 돌아간다는 사실을 알게 된 독립협회와 만민공동회 계열에서는 그의 도미를 만류하였다. 그들은 정부에 청원서를 보내고, 서재필에게는 만일 중주원 고문직에서 해임되어 생계에 어려움을 겪게 된다면 돈을 거두어 생계비를 부담하겠다고 말하였다. 그렇지만 서재필은 미국으로 돌아가겠다는 뜻을 굽히지 않았다.

서재필은 1898년 5월 14일 미국으로 돌아가고 말았다. 그가 한국을 떠난 것은 러시아, 일본, 그리고 정부의 압력도 있었다. 그러나 그는 독립협회 계열의 절대적인 지지를 받고 있었으며 신분상 미국시민으로서 치외법권적 특혜를 누리고 있었다. 그는 한국인 서재필이 아니라 미국시민 필립 제이슨으로 행동했다. 그러므로 그는 자신에게 가해지는 압력에 다른 방법으로도 대응할 수 있었을 것이다. 그가 미국으로 돌아간 것은 상당한 압력을 받은 데도 원인이 있지만, 그 압력에 끝까지 맞서 싸우려 하지 않은 스스로의 선택에 따른 결과이기도 했던 것이다.

창건 당시의 독립문과 독립관. 독립문은 1896년
11월 21일에 공사를 시작하여 이듬해 11월 20일에
완공하였다. 중앙에 있는 건물은 독립관이고
왼쪽 끝에 영은문의 지붕을 걷어낸 두개의
돌기둥이 남아있다.

영은문은 중국 사신을 영접하던 문으로
사대주의의 상징적인 조형물이었다.
독립협회는 영은문의 지붕을 헐어내고
그 앞 쪽에 독립문을 건립하여
독립정신을 드높였다. 왼쪽의 나무
기둥은 1885년 9월에 처음으로 가설된
한성-평양을 연결한 전선의 전신주이다.

외국인들의 한국 천대

〈독립신문〉에는 참으로 기가 막히는 기사들이 실려 있다. 서양인, 일인, 중국인 모두가 조선 백성을 업신여기고 까닭 없이 두들겨 패기도 하였다. 1896년 9월 18일 밤에는 일본인 한 명과 일본순사가 통행금지 시간에 남대문을 열어 달라 하였으나 조선 순검들이 날이 밝기 전에는 열 수 없다고 하였다. 일본 순사는 군도로 조선 순검을 무수히 때리고 제가 스스로 남의 나라 수도의 성문을 열고 짐 실은 말 두필과 하인 두 명을 들여놓았다.

수도 서울의 성문을 지키는 순검을 일본인들이 구타한 뒤에 성문을 열고 마음대로 들어갈 수 있을 지경으로 나라의 체면이 무너지고 국민의 사기가 땅에 떨어진 것이다. 같은 날 신문에는 남서의 순검 유치선이 남별궁 앞 담 밖을 지나다가 술 취한 청나라 사람 이계창 패거리 6명에게 까닭 없이 얻어맞고 순라 방망이와 포승, 호각 따위를 빼앗기는 일이 벌어졌다는 기사도 실렸다.

한국에 진출한 열강국 외교관들과 상인들은 한국의 이권을 탈취하기 위해 혈안이 되어 있었으나 무능하고 부패한 관리들은 그들과 대등한 외교를 벌여 국민의 재산을 보호할 능력이 없었다. 1898년 6월에는 독일영사 구린(口麟; Krien, D)이 외부대신 유기환(俞箕煥)을 폭행하는 어처구니없는 사건도 일어났다. 구린은 유기환을 독일영사관으로 불러 찾아간 유기환의 팔을 느닷없이 때렸다. 유기환이 무슨 일인가 물으니까 대답도 없이 이번에는 주먹으로 그의 가슴을 때리고 문밖으로 밀어내면서 외부에서 보낸 공문 두 장을 마당에 내팽개쳤다.(〈독립신문〉, 1898. 7. 2, 77호: 7. 4, 78호: 7. 6, 80호: 7. 7, 81호) 외부대신이 본국에서 외국 외교관으로부터 이 같은 모욕과 구타를 당하는 일이 벌어지는 상황이었다.

1898년 8월 16일 〈제국신문〉은 창간된 지 일주일째였던 날짜에 실린 「잡보」 기사와 8월 30일자 논설란 기사로 일인 발행 신문 〈한성신보〉와 논전을 벌인 일이 있었다. 〈제국신문〉 8월 16일자 기사는 한국 병정 한 사람이 군복을 입은 채로 일인 전당포 주인에게 구타당하는 모습을 보고 길 가던 사람이 분함을 이기지 못하여 그 연유를 물은즉, 일인 전당포 주인은 길 가던 사람에게까지 욕을 했다는 내용이었다. 〈제국신문〉 기자였던 이승만이 쓴 이 기사는 남의 나라에서 행패부리는 일본인을 비난하고 "막중한 군복을 입은 병정"이 일인 전당포 주인에게 얻어맞은 사실을 묘사하면서 분한 마음을 품지 않을 수 없게 만들었다.

〈제국신문〉이나 배재학당의 학생들이 발행하던 〈매일신문〉도 〈독립신문〉의 외세 침탈에 대한 저항정신을 이어받았다. 〈제국신문〉의 기사가 나간 지 2주일 후인 8월 29일자 「잡보」에는 또다시 일인의 행패를 보도했다. "어제저녁 8시에 수교(水橋) 앞에서 일인 하나가 조선 사람 하나를 칼로 쳐서 손이 상하였는데 일이 장황히 되어 여러 대한 사람이 일본 경찰소에

매 맞고 갇혔는데 자세한 말은 다시 등재하려니와 이것을 보면 이 나라 사람은 다 죽어도 관계치 않을 터라"고 보도한 뒤 이튿날인 8월 30일자에 사건 전말을 상세히 보도했다. 「대한사람 봉변한 사실」이라는 제목으로 1면 논설란에서 시작하여 전체 지면 4페이지 가운데 2페이지 반에 걸쳐 보도한 내용은 일인이 한국 사람을 이유 없이 칼로 찔렀는데도 한국 순검은 수수방관하면서 자기네 백성을 보호하지 못하는데, 일인 순사가 달려와서 적반하장으로 칼 맞은 한국 사람을 자기네 경찰서로 연행했다는 내용이었다. 현장에 있던 한국 군중들은 격분하여 일대 소동이 벌어졌고, 칼질한 놈을 우리가 보는 앞에서 처벌하라고 요구했으나 아무 소용이 없었다. 〈제국신문〉은 이 사건을 비분강개(悲憤慷慨)하는 투로 소상히 다루었다. 〈독립신문〉이 선도한 외세에 대한 저항 정신이 그 무렵에 창간된 신문에 그대로 전수된 것으로 볼 수 있다.

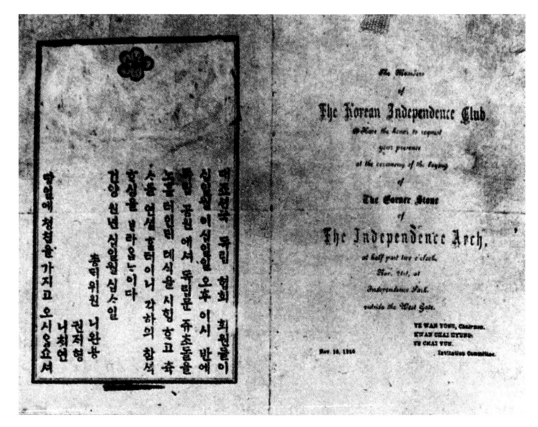

독립문 건립 기공식 초청장. 1896년 11월 21일에 거행된 기공식 참석자는 정부고관, 배재학당과 영어학교 학생, 주한 외교관을 포함하여 내외국인 합쳐서 5~6천 명이나 되었다. 서재필은 기공식에서 "나라가 독립하려면 사람이 혼자 서는 것과 같아 다리가 튼튼하여야 몸무게를 싣고 능히 걸어 다니는 것이다. 나라의 다리는 곧 백성이요, 머리는 정부다"라고 연설했다.

THE INDEPENDENT.

SEOUL, KOREA. NOVEMBER 4, 1896.

EXTRA!!!

Columbus, Ohio. November 4th, Major William McKinley was elected President of the United States.

영문판 〈독립신문〉 호외. 〈독립신문〉은 평상시에
4페이지를 발행하였으나 때로는 부록도 냈고,
영문판은 호외를 찍은 경우까지 있었다.
1896년 11월 4일에 발행된 영문판 호외는 오하이오
주지사였던 매킨리(William McKinley) 소령이 미국
대통령(제25대)에 당선 되었음을 알리는 간단한 내용이다.
이는 우리나라 신문이 발행한 최초의 호외이다.

남은 두 개의 영은문 기둥과 독립문.

가마 탄 서재필의 부인 뮤리엘 조세핀 암스트롱. 서울에서 옥천당(玉川堂) 사진관이 찍었다.

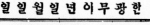

<독립신문> 이후에 나타난 민간
신문들. 주간 <협성회회보>
(1898년 1월 1일 창간), <매일신문>
(<협성회회보>를 발전시켜
일간으로 발행, 1898년 4월 9일),
<황성신문>(고금제 합자회사,
1898년 9월 5일 창간)

배재학당 학생 이승만은
<협성회회보>와 <매일신문>,
<제국신문> 기자로 활동했다.

관리들의 부패

어째서 공권력을 지닌 순검들이 외국인들에게 이같은 행패를 당했을까. 그리고 민중들은 이처럼 나약한 모습이 되어 있었을까? 부패한 관리들이 벼슬자리를 돈으로 바꾸고, 돈을 주고 벼슬을 산 사람들은 민중을 착취하여 배를 채웠기 때문이었다. 1896년 9월 17일자 〈독립신문〉 첫머리 논설에는 내부대신이 새로 임명된 거창 군수 김봉수를 만나 "어떻게 자네가 고을 원이 되었느냐?"고 물으니까 "돈 3만 냥을 주고 고을 원 벼슬을 샀다"고 대답했다가 파면되었다는 거짓말 같은 참말이 실려 있다.(1896. 10. 17 잡보)

〈독립신문〉 1896년 10월 22일자에는 김치순이라는 사람의 편지[독자투고]를 보도했다. 제주목사가 장세를 바치라고 인민을 잡아다가 가두고 매를 오십도, 육십도를 치고 사령 차사를 면면촌촌에 보내어 백성을 침학하고 옥에 백성이 무수히 갇혀 민심이 소란하야 원성이 하늘에 닿으매 미구에 백성들의 소동이 일어나리라고 한다면서 "이 말이 참말인지 내부에서 알아보라"고 말했다.

재판소도 문제가 많았다. "한성재판소 민사 맡은 판사들이 재판에 흐린 일이 많은 데 피고를 불러다가 구류하여 가둔지 5, 6일, 10여 일이 되어도 재판을 안하며 초체[招逮 소환장]를 매일 50장 60장을 내어보내되 정리방에서는 한 두장만 나가고, 그 나머지는 혹 닷새 열흘만에도 나가고 혹 아주 안 나가는 것도 있다. 또 민사 판사들이 재판에 자기 첩의 말과 친한 친구의 말이나 편지를 보고 송사에 재판을 그릇 결처하고 공변되지 않다고 각 관부와 여항간 풍설이 낭자했다."(1896. 11. 17, 잡보) 더구나 재판소가 억울한 일 당한 사람을 법으로 보호하는 것이 아니라 소송하러 온 사람을 건방지다 하여 잡아 가두기까지 했다. 〈매일신문〉 1898년 5월 30일자는 검사 김정목이 철산에 사는 "젊은 놈이 통냥갓 쓰고 모시두루마기에 검정 가죽신 신고 재판소 무서운 줄도 모르고 감히 소송질 하러 다닌다 하여 볼기짝을 삼십대나 때려 가두었다"는 기사가 실려 있다.

이런 상황이니 "조선 사람들이 세계에서 남만 못하지 않은 인종이건만 지금은 세계에서 제일 잔약하고 제일 가난한 나라가 되었다"는 한탄이 나왔다. 나라가 가난할 수밖에 없는 까닭을 열심히 일해서 부자가 될 생각은 하지 않고 모두 남을 뜯어먹고 살려고 하기 때문이라는 것이었다. 백성 가운데 돈이 있는 사람은 관리들이 어떻게 해서든지 그의 재산을 다 빼앗아 마침내는 패가망신을 시켜버렸다. 세력이 없는 자는 세력가에게 뜯기고, 세력 있는 사람에게는 일가들이 찾아와서 하는 일 없이 놀고먹는 형편이니 나라가 가난할 수밖에 없었다.

"나라가 자주독립을 하려면 민중들이 제 힘으로 살려는 자립심을 가져야 할 텐데 놀고 있는 사람을 먹여 살리는 것이 얼른 생각하기에는 푸짐한 인심인 것 같지만 따지고 보면 그 사람을 아주 못 쓰게 만드는 일이다."(1896. 12. 8 논설) 이 논설은 당시 사회의 폐풍을 지적한 것이면서 동시에 서재필의 사상을 가장 잘 드러낸 글이었다.

독자투고

〈독립신문〉에는 상당히 활발한 독자 투고 또는 자발적인 기고가 있었다. 이는 신문을 발행하는 쪽에서 일방적으로 만드는 것이 아니라, 독자들의 참여를 유도하여 민중의 의견을 반영하고 독자들과 함께 신문을 만든다는 점에서 큰 의미를 지니는 것이다. 〈독립신문〉은 '독자투고'라는 용어를 사용하지는 않았다. 신문사에 어떤 사람이 '편지' 하였다는 기사가 오늘의 개념으로 독자투고에 해당한다. 독자투고는 독자들이 신문에 어느 정도 참여했는지를 가늠할 수 있으며, 또 어느 지역에서 보냈는지를 밝힌 경우는 독자의 분포를 짐작할 수 있는 유용한 정보도 된다. 오늘의 신문에도 오피니언 페이지는 신문의 가장 중요한 부분의 하나인데 〈독립신문〉이 이를 도입하였던 것이다.

〈독립신문〉은 창간 초부터 독자투고를 권장하였다. 창간호부터 4월 21일자 제 7호까지 1면 머리에 독자들의 투고를 권유하는 광고[사고]를 실었다. 〈이하 인용문은 현대 문법으로 바꾸었음〉

무론 누구든지 무러볼 말이 잇든지 세상사람에게 하고싶은 말이 있으면 이 신문사로 간단하게 귀절을 떼어서 편지하면 대답할만한 말이든지 신문에 낼만한 말이면 대답할 터이요 내기도 할 터이옴 한문으로 편지는 당초에 상관 아니함.

4월 28일부터는 신문에 투고하는 사람은 반드시 주소와 성명을 밝혀야 하며 그렇지 않으면 상관하지 않겠다고 밝혔다. 이 기사는 5월 21일까지 계속 실렸고, 6월 9일과 11일자에도 실렸다. 독자투고의 방법을 잘 몰랐던 사람들이 이름을 밝히지 않은 채 신문사로 글을 보내는 사례가 있었을 것이며, 관리들의 비리와 악행을 고발하는 독자투고의 경우 투고자의 신분노출을 꺼리는 사람들이 무기명으로 글을 보내는 사례가 많았던 것 같다. 그러나 신문사의 입장에서는 무기명 투서를 검증 없이 싣기는 어려운 일이기 때문에 신원을 밝힐 것을 요구한 것이다. 〈독립신문〉은 이듬해인 1897년 2월 17일자의 광고란에도 투고자의 주소와 신원을 밝힐 것을 당부하고, 투고자의 신분은 신문에 밝히지 않을 것임을 약속했다.

만일 성명을 편지 끝에 드러내기 어렵거든 몸소 신문사에 와서 대면하여 말을 하오 만일 편지 끝에 편지하는 이 거주성명이 없으면 곧 익명서라 어찌 짐작하고 익명서를 준신하야 신문에 기록하리오. 편지 끝에 거주성명 있는 것만 시행하겠으니 그리들 알며 편지하는 이의 성명은 신문에 드러내지 않을 것이므로 염려와 의심들은 마오.

한글학자 주시경은 〈독립신문〉 교보원으로 신문 제작에 관계하면서 독립신문사에 '국문동식회(國文同式會)'를 만들어 한글을 연구했다.

배재학당 학생 주시경(본명 주상호)이 투고한 「국문론」. 주시경은 배재학당 학생으로 재학하는 동안 〈독립신문〉의 교정을 보았으며 「국문론」을 두 차례 발표했다. 그는 이때부터 한글연구에 전념했다. 1897년 4월 22일자.

2월 18일에 시작된 이 기사는 3월 11일까지 계속 실렸다. 〈독립신문〉은 이와 같이 독자들의 투고와 참여를 적극적으로 권유하면서 무책임한 익명서의 폐해를 사전에 예방하기 위한 노력을 기울였다.

한 연구에 따르면 1면 논설란에 실린 독자투고는 70건이고 잡보란에 실린 것은 414건이었다. 합하면 〈독립신문〉 총 발행 호수 776호 가운데 484건의 투고가 실린 것이다. 논설란에 실린 독자투고는 논설을 대신하는 내용이다. 첫 번째로 실린 글은 '어떤 유지각한 사람'의 이름으로 1896년 11월 19일자였으며, 이어서 26일자 논설란에도 같은 이름으로 실렸다. 〈독립신문〉은 이 두 번째 글은 논설을 대신하여 싣는 것이라고 밝혔다.

1897년에는 4월 1일자에 처음으로 "누가 신문사에 편지하였기에 좌에 기재하노라"라는 편집자의 말에 이어서 투고한 글을 실었다. 국어운동의 선각자 주시경이 투고한 「국문론」 2편도 논설란에 실렸다. 1897년 4월 22일(제2권 제47호)과 24일(제2권 제48호)자 1면 논설란에 실린 논문과, 이해 9월 25일(제2권 제114호), 28일(제115호)자에 실린 것으로서 국어 운동사 연구의 귀중한 사료가 되는 것이다. 지석영의 「우두론」(1897. 5. 8: 2권 54호)도 실렸다. 〈독립신문〉은 전국 각 지방을 비롯하여 러시아 블라디보스토크까지 보급되었음을 투고에서 알 수 있다.

학정에 시달리면서도 하소연할 곳 없던 백성들은 〈독립신문〉의 지면을 활용하기 시작했다. 관리들의 비리를 폭로하고 잘못된 정치를 바로 잡도록 호소하는 글을 자주 보내왔다. 억울한 일을 당하면 신문에 투고하는 관습은 〈독립신문〉으로부터 시작된 것이다. 〈독립신문〉은 이들 독자투고를 내용에 따라 논설란에 실어주거나 「잡보」로 다루기도 하였다.

개화의 원동력

선진국의 문물을 접하고 돌아온 서재필의 눈에는 한국의 정치, 사회, 서민이나 양반들의 생활상 등 모든 것이 개혁의 대상이었다. 한국사회는 너무나 한심한 일들로 가득하였다. 과학적인 근거가 없는 미신, 점쟁이, 무당들의 굿, 화상(和尙)이 횡행하고 있었다.(〈독립신문〉에 실린 기사 건수는 무당 33, 무녀 13건, 화상 4, 점쟁이, 점술, 점집, 점촌 7건) 위생 상태는 형편없었다. 목욕을 자주 하라, 우물에는 뚜껑을 덮어 먼지가 들어가지 않게 하고 물을 끓여서 먹으라는 등 서재필의 계몽적인 논설 가운데는 정치개혁을 주장하는 것과 함께 위생에 관련된 것이 많았다. 서울의 좁은 길에 긴 담뱃대를 물고 다니는 사람들이 있어서 다른 사람의 통행에 방해가 되기도 하였고(1898. 9. 9 장관행악), 어린이들이 노는 길거리에 말을 타고 달리는 사람도 있어서 몹시 위험하였다. 밤이나 또는 낮에 아이와 어른들이 여인들 다니는 길가에서 대소변을 보니(1899. 4. 11 「논설」 위생에 급한 일), 이것이 무례한 일일 뿐 아니라 더러운 냄새가 사람의 코에 들어가 병든 사람이 태반이니 이런 일은 경무청에서 엄하게 금함이 마땅하다.(1896. 5. 21 「잡보」)

여자들은 인간적인 대우를 받지 못했으며 '첩'이라는 단어도 30회 이상이 나온다. '개화'와 '문명진보'는 〈독립신문〉이 지향하는 최종목표였고, 지면을 관통하는 중심사상이었다. 〈독립신문〉이 발행되던 19세기의 마지막 4년은 엄청난 변화가 일어나고 있기도 하였다. 밀려 들어오는 외세의 압력으로 인한 타율적인 개혁과 함께, 내부적인 자각에 의한 개혁이 추진되었다. 영국인 재정고문 브라운이 처음으로 국가의 예산을 편성하고 회계재정을 도입하여 근대국가의 운영제도를 확립하고 있었다.

치도(治道 28건)는 개화를 상징하는 가시적인 작업이었다. 〈독립신문〉은 도로의 정비를 역설하였고, 서울의 도로를 확장하고 보수 정비하는 기사가 자주 나타났다. 〈황성신문〉의 초대사장이 되는 남궁억은 〈독립신문〉이 창간되던 무렵에 내부 토목국장으로 서울의 도로 정비와 탑골공원의 건설을 지휘하고 있었다. 인구조사도 처음으로 실시되어 국가 경영의 기초자료가 축적되기 시작했다.(1896. 5. 21; 8. 15; 9. 5 「잡보」)

역사상 처음으로 서울 거리에 자전거가 등장하여 거리를 질주하기 시작하였고, 〈독립신문〉에 자전거 판매광고가 실리기 시작한 것이 1899년 7월 12일자부터였다. 〈한성주보〉에 우리나라 신문 사상 최초의 광고를 실었던 독일무역상 세창양행은 〈독립신문〉에도 가장 많은 광고를 실었다. 학질약 금계랍 광고는 600회 이상 실렸고, 양담배와 일본인이 경영하는 양조장(朝日酒場)의 광고도 50회가 넘는다. 치과의사는 '이 고치는 의원'이었고, 영어학교 학생들은 1896년부터 '발 공치는 법'을 배워 오후에는 운동장에서 공차기를 하였다.(1896. 12. 3, 「논설」). 처음으로 축구가 도입된 것이다. 영어학교, 러시아어학교, 일어학교, 프랑스어학교, 독일어학교가 개설되어 학생들이 서양의 언어와 풍습을 배우고 있었다.

통신의 근대화가 시작되어 지방 각지에 우체사(郵遞司)가 설립되고 있었다. 우체업무를 관장할 주사, 우체부, 우체교사 같은 사람이 생겨났고, 이에 따르는 여러 장정(章程)이 제정되었으며, 우표가 발매되고 우편선이 내왕하였다. 우체에 관련된 기사가 많은 것은 정보의 소통이 점차 활발해지고 있었음을 의미하며, 신문을 신속하고 원활하게 지방에 배포할 수 있는 사회적 기반이 조성되고 있었던 것이다. 윤선(輪船), 윤거(輪車), 전기거(電氣車)와 같은 현대 문명의 이기에 관한 키워드가 자주 나오는 것은 정체해 있던 사회가 움직이기 시작한 증거였다.

〈독립신문〉에는 당시에 활동하던 많은 인물들이 실려 있으므로 인물과 시대상의 연구에 없어서는 안 될 자료가 된다. 한국인으로 가장 많이 나오는 이름은 윤치호(115)였으며 유기환(100), 남궁억(30), 이상재(30) 등과 함께 배재학당 학생이었던 청년시절의 이승만의 이름도 27회나 나온다. 외국인 가운데는 언더우드(198), 영국인 재정고문 브라운(59), 아펜젤러(18) 등이 자주 나오는 인물들이다. 애국하는 마음을 국민들의 마음에 깊이 인식시키기 위해 전국 여러 곳에서 애국가를 지어 신문사에 보내왔고, 학생들의 행사 때에도 애국가를 부르는 것이 관행으로 정착하였다.(독자들이 보내온 애국가를 〈독립신문〉에 게재한 것은 13건에 달한다. 1896년 5월 9일, 19일, 7월 4일, 7일, 18일, 23일, 8월 1일, 9월 1일, 5일, 10일, 15일 1897년 1월 28일, 1898년 10월 18일)

〈독립신문〉은 개화와 개혁 자주독립의 시대정신을 전파한 전도사였다.

〈독립신문〉 창간 무렵의 배재학당. 구내에는 감리교의 삼문출판사(Trilingual Press)가 있었는데 이 출판사의 일을 도우며 학비를 보태는 학생들도 있었다. 〈독립신문〉도 초기에는 여기에서 인쇄하였을 것으로 추정된다.

신문을 통한 여론형성

서재필은 신문을 통한 여론형성으로 국민의 정치참여를 유도하였다. 할 말을 못하고 억눌려 살던 국민이 자신들의 주장을 개진하여 정책에 반영할 수 있는 기회를 갖는 새로운 경험이었다. 신문을 통한 국민 여론의 수렴은 서재필이 미국에서 신문은 어떻게 만들어야 하는지를 직접 보았기 때문에 그 영향을 받았을 것이다.

서재필이 〈독립신문〉을 어느 편에 치우치지 않는 공정하고 독립적인 신문을 만들면서 구독료를 싸게 하고, 한문공부를 하지 않은 서민들도 읽기 쉬운 한글로 만들었던 것은 미국에 있는 동안에 보았던 그 시기의 여러 신문이 모델이었을 것이다.

〈독립신문〉은 한글전용과 띄어쓰기로 국어 운동사에 획기적인 역할을 수행하였다. 누구나 쉽게 알 수 있는 국문을 통해 지식과 정보를 널리 공유한다는 점을 강조한 것은 조선 사회의 계급적 폐쇄성과 차별성을 파괴한다는 뜻이 포함되어 있었다. 조선의 글인 한글을 중국의 한문과 구별함으로써 국문을 통한 민족적 자기 정체성을 확립하겠다는 시도였다.

서재필은 영문판 〈The Independent〉를 발행하여 우리의 주장을 외국에 알리는 일에도 힘을 쏟았다. 영문판의 발행은 한글 전용에 못지않은 서재필의 뛰어난 업적이다. 서재필은 창간사에서 영문판을 발행하는 목적은 "외국 인민이 조선 사정을 자세히 모른 즉 혹 편벽된 말만 듣고 조선을 잘못 생각할까 보아 실상 사정을 알게 하고자 하여"라고 밝혔다. 영어 신문을 발간하여 한국의 실정을 외국에 알리겠다는 뜻이다.

영어신문은 외교와 국제 정치상 대단히 중요한 역할을 수행하고 있었다. 영어신문의 이 같은 필요성에 관해서는 우리보다 서양인들에게 먼저 개방된 이웃 중국과 일본도 절실히 느끼고 있었으며, 〈독립신문〉 이전에 여러 종류가 발행되고 있었다. 이런 상황인데도 조선에는 영어신문이 없었다. 서재필이 귀국했던 시기 열강의 눈에 비친 조선의 이미지는 크게 왜곡되어 있었다. 서양인들은 조선을 멸망할 나라로 인식하고 있었으며, 조선은 정부의 부패와 무능을 포함한 내부적 취약성으로 인해서 독립을 유지하지 못할 것이라고 생각하고 있었다. 서양인들은 조선을 얕잡아보고 조선을 뜯어먹는 국제경쟁에 뛰어든 상황이었다.

서재필이 영어신문을 발행하여 조선의 사정을 외국에 알리고자 했던 것은 국가가 벌여야 할 사업을 서재필이 대행하는 것이나 다름이 없었다. 서재필은 "조선인들을 위한 조선, 깨끗한 정치, 공고한 외국과의 친선관계, 조선의 자원을 점진적이지만 꾸준히 개발하는 일이 우리의 사시(社是)이다"라고 밝혔다.(〈Editorial, 〈The Independent〉, Apr. 7th〉, 1896. 이 논설은 서재필의 회고록에도 그대로 인용하고 있다. 『My Days in Korea』, p. 29.)

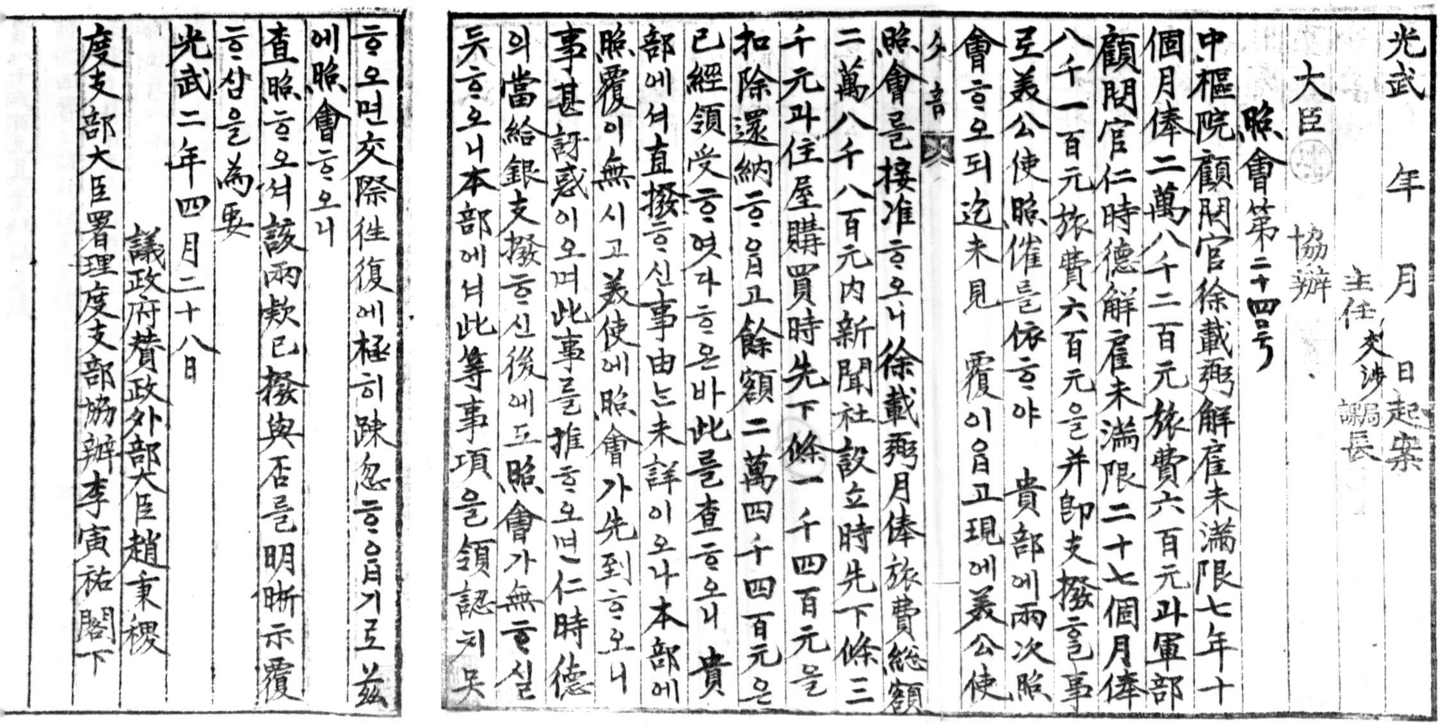

光武 年 月 日起案
大臣 協辦 主任 交涉局長 課長
照會第二十四号
中樞院顧問官徐載弼解雇未滿限七年十
個月俸二萬八千二百元旅費六百元과軍部
顧問官仁時德解雇未滿限二十七個月俸
八千一百元旅費六百元을并卽支撥ᄒᆞ라事
로美公使照催를依ᄒᆞ야 貴部에兩次照
會ᄒᆞ오되迄未見 覆이옵고現에美公使
照會를接准ᄒᆞ오니徐載弼月俸旅費總額
二萬八千八百元內新聞社設立時先下條三
千元과住屋購買時先下條一千四百元을
扣除還納ᄒᆞ옵고餘額二萬四千四百元은
已經領受ᄒᆞ엿다ᄒᆞ온바此를查ᄒᆞ오니 貴
部에서直撥ᄒᆞ신事由ᄂᆞᆫ未詳이오나本部에
照覆이無ᄒᆞ시고美使에照會가先到ᄒᆞ오니
事甚訝惑이오며此事를推ᄒᆞ오면仁時德
의當給銀支撥ᄒᆞ신後에도照會가無ᄒᆞ실
듯ᄒᆞ오니本部에셔此等事項을領認치못
ᄒᆞ오면交際往復에極히疎忽ᄒᆞ오깃기로玆
에照會ᄒᆞ오니
查照ᄒᆞ오셔該兩款已撥與否를明晰示覆
ᄒᆞ심을爲要
光武二年四月二十八日
議政府贊政外部大臣趙秉稷
度支部大臣署理度支部協辦李寅祐 閣下

서재필은 정부가 중추원 고문직을 해고하자 계약이 만료될 때까지
7년 10개월치 급료와 미국으로 돌아가는 여비(600원)까지 지급해줄 것을 요구하였다.
월봉을 300원으로 계산하여 합계 2만 8천800원이다(위 문서).
서재필은 이 금액 가운데 <독립신문> 창간 당시 정부가 서재필에게 지불한
4천400원(창간 자금 3천 원, 가옥 구입비 1천400원)을 제외한 나머지 2만 4천400원을 지급받게 되었다.
이를 확인해주는 주한 미국공사 알렌의 공문을 한문으로 번역한 문서.
1898년 4월 26일자(아래).

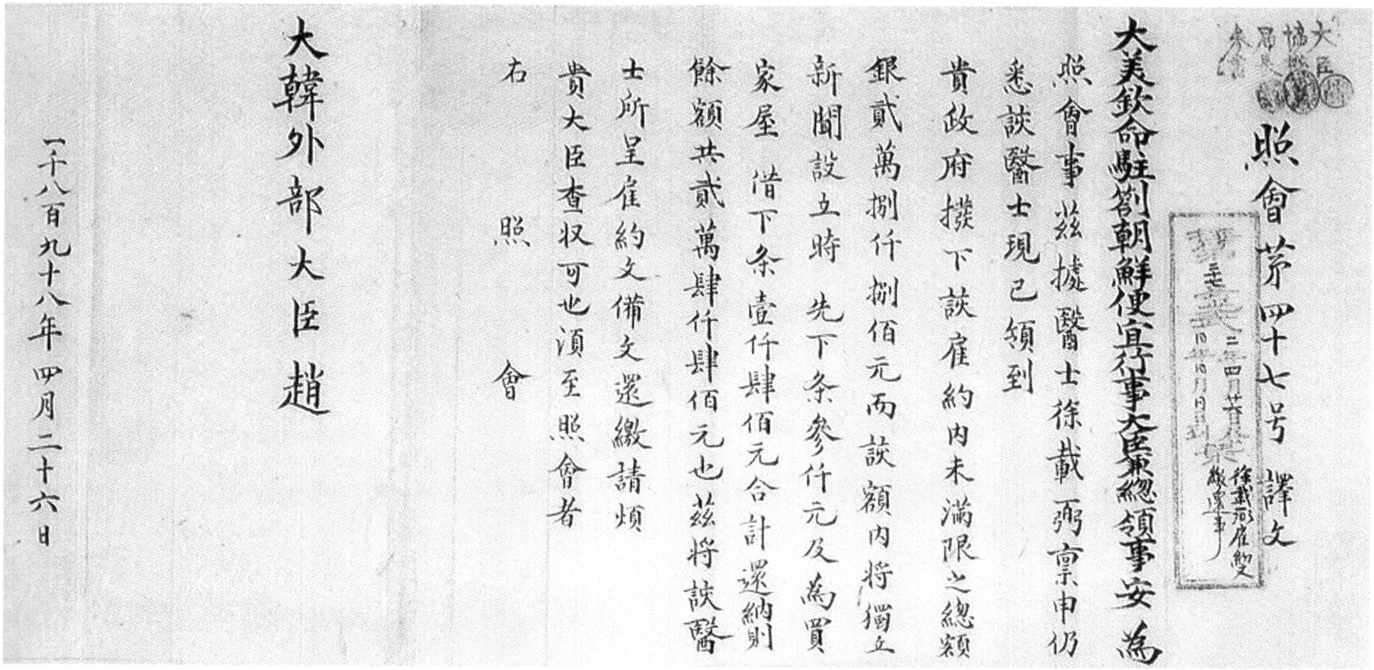

照會第四十七号 譯文
大美欽命駐劄朝鮮便宜行事大臣兼總領事安 為
照會事茲據醫士徐載弼稟申仍
悉該醫士現已領到
貴政府撥下該雇約內未滿限之總額
銀貳萬捌仟捌佰元而該額內將獨立
新聞設立時先下条叁仟元及為買
家屋借下条壹仟肆佰元合計還納則
餘額共貳萬肆仟肆佰元也茲將該醫
士所呈雇約文備文還繳請煩
貴大臣查收可也須至照會者
右 照 會
大韓外部大臣趙
一千八百九十八年四月二十六日

신문광고의 기틀을 닦다

신문사 경영에는 크게 두 가지 수입원이 있다. 구독료와 광고료가 그것이다. 그밖에도 인쇄를 대행해주는 대가로 받은 부대수입 등이 있다. 서재필은 신문을 통해 얻을 수 있는 수입과 신문의 공적 기능을 잘 조화하여 신문사를 경영하는 능력에 있어서도 탁월한 바가 있었다.

첫째, 한글 전용으로 한자를 모르는 서민들도 신문을 읽을 수 있도록 하여 독자층을 넓게 잡았다. 1883년에 창간되었던 〈한성순보〉가 순 한문으로 편집되었던 사실과 비교하면 〈독립신문〉은 혁신적인 제작 방법을 채택한 것으로 평가할 수 있었다. 또한 구독료를 싸게 하여 독자의 부담을 덜어주려는 노력을 기울였다.

1897년 1월부터는 한글판과 영문판을 분리하면서 한글판은 동전 2푼(2전), 월 25전, 1년 2원 60전을 받는 반면, 영문판은 1장당 동전 5푼(5전), 1개월 75전, 1년 6원으로 올렸다. 한글판에 비해 영문판의 구독료를 2배 이상 3배나 비싸게 책정한 것은 경제사정이 어려운 한국인들에게 신문구독의 경제적 부담을 덜어주어 많은 사람이 읽도록 하려는 배려였다.

한글판은 한 장에 2전씩 받아도 손해가 나므로 영문을 많이 팔아서 보충한다는 영업전략이었다. 외국인들은 돈을 더 내더라도 구독하겠지만 조선 사람은 그럴 형편이 못되는 고로 손해를 보면서 싸게 하여 많은 사람이 보기를 바란다는 것이었다.

둘째, 신문에 광고를 실어주고 그 대가를 받는 제도는 〈독립신문〉이 처음이었다. 그러므로 광고의 게재와 이를 수입원으로 삼는 것은 한국 언론의 발달사에 대단히 큰 의미를 지닌다. 서재필은 광고와 기사가 다르다는 사실도 계몽했다. 광고는 돈을 받고 게재하는 것이지만, 기사는 칭찬하는 내용이든 비판하는 내용이든 돈을 받아서는 안 된다는 점을 분명히 했다. 광고 전략도 치밀했다. 〈독립신문〉은 독자들에게 사실을 알리는 보도와 논평 외에 광고매체의 기능을 지니고 있음을 실증하였다. 〈독립신문〉에는 광고가 본격적으로 정착하였다는 사실도 신문 경영상 주목할 일이다.

〈독립신문〉이 광고료와 구독료를 수입원으로 삼아서 독립적인 사업으로 운영할 수 있다는 방법을 제시하였으므로 그 이후에 창간되는 민간신문에서 이와 같은 경영방법이 자연스럽게 도입되었다. 〈독립신문〉 이후에 여러 민간신문이 나타난 것도 구독료와 광고료만으로 외부의 보조 없이 신문을 운영할 수 있다는 자신감을 갖게 되었기 때문이다.

〈독립신문〉은 영국 〈로이터통신〉과 계약을 맺고 뉴스를 수신하여 서울에 주재하는 외국 공관에 판매했다. '전보수입'이 그것인데 광고료와 같은 비중을 차지하고 있었다. 장로교의 언더우드가 발간하던 〈그리스도신문(The Christian News)〉의 인쇄비와 명함을 비롯한 인쇄비 수입도 있었다. 서재필은 이와 같이 신문사의 수입 증대를 위한 경영을 하고 있었던 것이다.

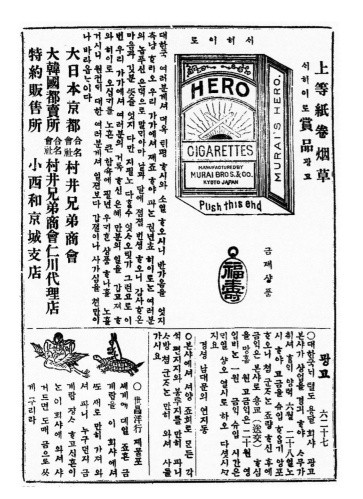

양담배(HERO) 광고. 〈독립신문〉의 가장 큰 광고로 전체 광고면의 3분의
2를 차지하고 있다. 아래에는 개리양행(開利洋行)의 자전거 광고가
실렸다. 미국에서 수입한 자전거와 축음기(유성기) 등을 판매한다는 광고.
1899년 7월 1일.

〈독립신문〉의 다양한 광고면. 초기에는 한글과 영문 광고가 함께 실렸다.
왼쪽 영문 「사고(NOTICE)」는 1897년 1월 1일부터는 한글판과 영문판을
분리하겠다고 알리는 내용이다. 영문과 한글판 구독료도 나와 있다.
1896년 10월 3일.

〈독립신문〉은 그 이후에 나타나는 한국 언론의 정신적인 전통으로 확립되었다. 국권을 수
호하고 외세의 침략에 저항하는 언론의 전통은 〈독립신문〉으로부터 시작되어 2년 후에 배재
학당 학생들이 창간하는 〈매일신문〉과 이종일(李鍾一)의 〈제국신문〉, 여러 사람의 자금을 모
아 설립된 〈황성신문〉으로 계승되었다. 한말의 애국 계몽적인 언론과 일제하의 항일 언론투
쟁, 그리고 광복 후 반독재 민주화를 위해 이룩한 언론의 전통은 〈독립신문〉으로부터 비롯되
어 오늘의 신문에까지 이어오고 있는 것이다.

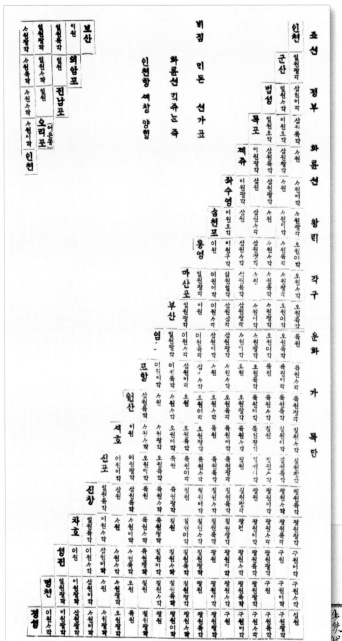

EXPRESS.
—:o:—

We have just receivd the following Russian goods which we guarantee being first class quality:

    Smoked salmon.
    Sausage (sold per lb)
    Salt Herrings (in kegs).
    Salt Salmon.
    Vermicelli (various kinds).
    Cranberries (sold per lb).
    Sweets & Candies.
    Marmalade.
    Plums & Rasins.
    Biscuits (various kinds).
    Ladies' Hats.
    Ladies' & Childrens' Felt Boots,
      etc.   etc.   etc.
Inspection solicited.

F. Kalitzky & Co.

영문 전단광고. 1897년 6월 17일에는 칼리츠키(F. Kalitzky & Co.)가 수입한 러시아산 식료품(훈제 연어, 소시지 등)과 잡화를 소개하는 전단광고를 배포했다.

일본 공사관의 〈독립신문〉 매수 추진. 서재필이 미국으로 돌아가려 하자 주한 일본 공사관은 〈독립신문〉을 매수할 의향이 있었으나 성공하지 못했다.

〈독립신문〉은 인천항에 설립된 독일 무역상 세창양행(Edward Mayer & Co.)이 운행하는 화륜선(증기선)의 전국 각 항구별 운임표를 부록으로 발행하였다.

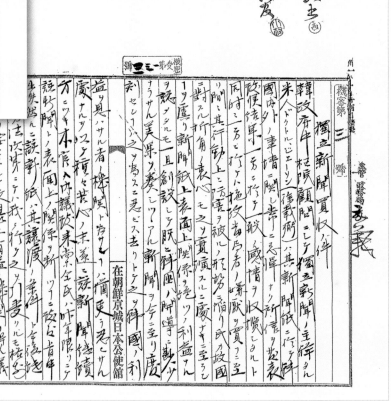

만민공동회에 한 답장

서재필 | 〈매일신문〉 1898. 5. 4; 〈독립신문〉 1898. 5. 5

경복자

귀함을 밧아 말삼하신 모든 사건을 자셔히 보옵고 위션 다른 말삼 하기 전에 몬져 졔공에 친밀한 정의와 국민을 생각하시는 소견을 듯사오니 공사간에 매우 감격하오이다 내가 수히 떠나 감을 졔공이 창연히 생각하심도 또한 감샤 하온 일이나 나의 사정을 졔공들이 자셔히 아지 못한 연고로 나의 감을 만류 코쟈하심이라 귀졍부에셔 나를 임용하시기 슬혀 나를 해고 하시고 회환비까지 주신 후에 내가 까닭 업시 귀국에 두류 하는 것은 다만 내 모양에만 수통 할뿐 아니라 미국 춍대한 공샤도 또한 내가 염치를 불고하고 잇는 것을 맛당히 넉이지 아니 할터인즉 체면과 샤셰에 불가불 갈 밧기 수가 업삽고 내 죠죵의 분묘와 종족과 친척을 떠나가는 것은 나의 샤샤 일이라 타인의게 관계 업는 일이요

대황뎨 폐하의 후대 하신 은혜를 져바린단 말은 알 수 없는 것이 귀졍부에셔 나를 고입 하시기에 내가 샤샤 샤셰의 여기 잇기 어려온 것을 생각지 아니하고 그동안 잇셔 내 힘 것은 국민의게 유죠토록 말이 나마 하엿사오며 지금 귀졍부에셔 나를 쓸대 업다 하시는 고로 또 물너 가랴 하는 것인즉 대황뎨 폐하의 은혜를 내가 져바리고 쟈 아니하는 것은 졔공들도 응당 짐작 하실듯 한 일이오 대한에 그 동안 샤괸 친구가 만히 잇셔 면목은 모르드라도 마음으로는 셔로 친한대 지금 분리하게 되오니 셥셥한 마음은 일우 형용하여 긔록할 슈 업스나 이 샤샤 정리로 하여 대한과 미국 정부 춍대한 관원들의게 란편 하고 체면에 수통 흠을 끼칠 수가 업는 일이오

방금 대한 사셰로는 인민의 쳐디가 타국과 달나 챠등 사건에 언론을 하여도 맛당히 잇슬 힘이 업는 것은 졔공들도 응당 그만 하면 아실듯 하옵나이다 이런 계제와 사셰에 쳐하야 나는 부득이 하여 귀졍부가 하시는 일을 공사로 알고 졔공들의 뜻은 감샤는 하나 샤사로 아는 고로 불가불 귀졍부에 뜻을 차 내 행동을 작정 하겟삼나이다

일쳔팔백구십팔년 오월 이일 졔손

만민공동회 춍대위원 각하

[편자 주] 독립협회와 만민공동회는 서재필이 미국으로 돌아가지 말라고 요구하는 편지를 보냈다. 서재필은 이 요구에 대해 자신이 돌아가야 하는 이유를 적은 답신을 보냈다. 정부에서 자기를 싫어하고, 이미 돌아갈 여비까지 받았으니 더 이상 머무를 수 없다는 내용이다.

일본 체재 허가서. 서재필은 1898년 5월 14일에 서울을 떠나 요코하마 주재 미국 총영사관이 발급한 1년 유효한 체재 허가서를 받았다. (제4장 참조)

또 다시 미국으로

서재필은 미국으로 돌아가기에 앞서 아펜젤러와 윤치호에게 〈독립신문〉의 편집과 경영을 위임하였다. 윤치호는 〈독립신문〉의 주필 겸 실질상의 관리자로 임명되어 〈독립신문〉을 운영하기 시작했다. 윤치호는 〈독립신문〉의 편집을 맡은 직후인 1898년 5월 19일자 영문판에 서재필이 "압박 받는 조선인들에게 모든 인간이 태어날 때부터 평등하다는 사실을 가르쳐 주었다"고 말하고, 비록 서재필은 조선을 떠났지만 〈독립신문〉의 필요성은 여전히 존재하고 우리가 그것을 절실히 느끼는 한 〈독립신문〉은 계속되어야 한다는 내용의 기명 논설을 실었다.

서재필은 미국으로 떠난 후에는 대개 영어로 글을 썼다. 신문이나 잡지에 실린 글은 서재필이 영어로 써 보낸 것을 번역한 것이다. 그 가운데는 원래 우리말로 썼는지 영어였는지 분명치 않은 것도 있지만, 거의가 영어로 쓴 것으로 보아도 좋을 것 같다. 〈동아일보〉와 〈조선일보〉에 실린 글 가운데는 영어 원문을 동시에 게재한 것도 있다.

서재필은 자신이 거의 2년 동안 열과 성을 기울여 나라를 위해 노력했음에도 불구하고 정부의 박대를 받는 것은 무슨 까닭인지 모르겠다고 말하고, 그동안 나라를 위하여 바른말 한 것이 죄가 된다면 스스로 죄인으로 자처하겠으며, 신문도 앞으로 더 이상 발간하지 않겠다는 뜻까지 비치는 논설을 실었다. 1897년 12월 18일.

서재필이 미국으로 돌아간 후에 〈독립신문〉의 주필로 실질적인 운영을 맡은 윤치호.

아펜젤러는 배재학당 교장이었는데 1899년 1월 윤치호가 덕원감리로 떠난 뒤에는 〈독립신문〉을 운영했다.

독립신문

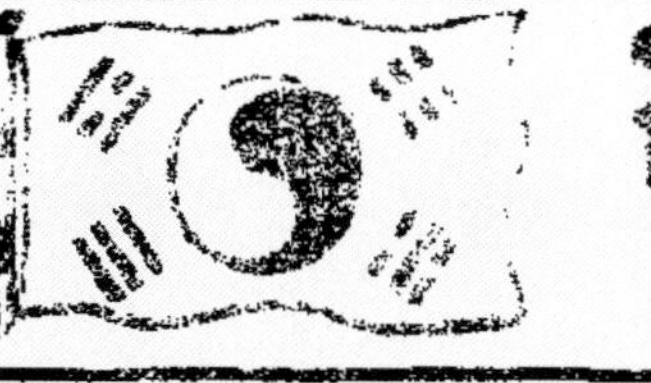

뎨이권

뎨일호
대됴오십

대한 셔울 무광 년원이십월 일팔십 로요 장훈 갑 군돈

건양 원년 스월 칠일
농샹 공부 인가

론셜

○ 우리가 지금 대한 졍부에 박대를 밧눈것은 무슴 썩돈인자 몰으거니와 우리가 근 이년을 우리 힘것 졍셩으로 대한 관민을 위ᄒᆞ야 유익ᄒᆞᆫ 말을 듯고 우리를 소랑ᄒᆞ야 말ᄉᆞᆷᄒᆞ며 연셜 ᄒᆞ야 아모죠록 대한 관민의 눈과 귀를 열녀 주고 세계 각국이 그 사름들을 대접ᄒᆞ야 그 ᄒᆞᆼ리가 아닌즉 우리를 곰ᄋᆞᆸ게 녁이눈 일이 올코 ...

여러 달을 우리가 죄인즈 도으며 대한 대황뎨 폐하의 권리와 위엄이 세계 각국 나라와 ᄀᆞᆺ치 되도록 일을 ᄒᆞᆫ 아니ᄒᆞᄂᆞ 우리를 조고치라도 주인이 그렇케치라도 ...

관보

○의졍부 찬졍 농샹 공부 대신 림시 셔리 호외 십이월 십오일

○의졍부 찬졍 농샹 공부 대신 림시 셔리 호외 십이월 십오일

미국으로 돌아가며

서재필 | 〈독립신문〉 1898년 5월 10일

독립신문 사장 제손[서재필] 씨가 대한을 떠나기 임하야 독립신문 보시는 제 군자의 작별하는 말을 두어 마디 기록하노라

삼년 전에 내 본국에 도라 온지 얼마 아니 되어 국문신문이 불가불 잇서야 할일을 깨닷고 또 기시 정부 당로한 사람들도 나와 동의하며 대황제 폐하의 은총으로 이년 전에 집을 주서서 독립신문을 처음으로 내게 되어 그 후부터 외국 친구와 대한 사람의 보좌함을 힘입어 영문과 국문으로 두 신문을 나누어 확장 하얏스며 대한을 세계에 소개 하는 일에 약간 유익함이 잇슴을 믿으며 일본과 청국에 잇는 신문들이 우리 신문들이 우리 신문을 후대함을 감사 하노라

내가 떠난 후에는 이 신문이 엇지될고 하야 염려 하는 사람이 잇스니 처음에는 신문사를 떠업는 것이 기중 좋은 방편인줄 알앗더니 국문 신문 보는 사람들이 그 신문이 긋치지 안키를 원하고 또 신문 보는 사람들도 차차 느는 고로 정지하기를 실여 하던 차에 다행이 독립신문 기계는 배재학당 인찰국에 세 주고 우리 두 신문은 여전히 출판하기로 약정하얏시며 미국 친구 수 삼인으로 더부러 독립신문 회사를 죠직 하야 내가 그 회원에 한목을 들고 신문 출판하는 일은 이 회사에서 담당 하며 허다한 담판한 후에 윤치호 씨를 일년 동안 본사 사무장으로 청하엿스니 윤 씨는 서양 사람과 대한 사람이 널리 친한 바이요 미국서 일찍 교육을 밧고 구라파를 유람하고 여러 외국 말을 통 하니 회사에서 이 사람 엇은 것을 하례하며 나를 보좌 하던 친구들이 이 사람을 보좌하기를 바라며 또 윤 씨는 대한에 개화 사업이 굿게 되기를 바라는 사름이요 충군애국 하는 마음이 두터워서

자기 나라에 유익하기를 위하야 이 신문 일을 담당 하니 이 신문 보시는 이들이 각처에 무슨 드를 말이 잇던지 다 통기하여 주시기를 바라오

내 말을 그치기 전에 각쳐 신문이 나를 후대한 일을 한 번 더 감사 하며 이후에도 이 새 회사를 전과 갓치 도아 주어 이 신문을 유지(維持)하게 하기를 바라며 또 이 신문도 내의 전일 주의를 어기지 아니 하야 공변되고 확실한 것을 주장하기를 밋노라

THE INDEPENDENT, 1898.5.17

A PARTING WORD

On the eve of my departure from Korea I May, perhaps, be permitted to my a few parting words to the readers of THE INDEPENDENT. Nearly three years ago I returned to the land of my birth. I bad not been here very long until I felt the necessity of a newspaper, especially one in the language the people could read. The same idea was suggested to me by some of friends of progress then in official positions.

Through the gracious support of His Majesty, who kindly provided me a place two years ago last April, I was able to issue the first number of THE INDEPENDENT. Since then through the continuous support of both foreigners and Koreans the paper was divided into an English and a vernacular edition, and both were enlarged. I indulge the hope that some good in the way of presenting Korea to the public has been accomplished these two years. I a not insensible to the journals of Japan and China and for this I now thank them.

Some concern, and not unnaturally, was felt and expressed to me about the continuation of the papers after my departure. It seemed for a time that the final disposition possible was the closing of the office. This I was loathe to do especially as the readers of the Korean edition frequently expressed an tangents desire to have the paper continued and this appeciation took substantial form in an encouraging increase in the subscription list.

I am happy to state that I have been able to lease the plant to the manger of the Trilingual Press and that one of the conditions of the lease is that the two editions of the papers me to be printed as they have been from the beginning. Through the active co-operation of some inter ed. American friends I have formed a company under the title of the Independent Newspaper Company of which I am a member and retain an interests. This company proposes to continue the publication of the two papers on the same lines as herstofore. After considerable negotiating we have been fortunate enough to scoure for a year the services of Mr. T.H.Yun. Mr. Yun is well known among both foreigners and Koreans, he was educated in America, travelled in Europe, has held high official positions in the Korean government, and speaks in addition to his own language, English, Japanese,

Chinese and French. The Company congratulates itself on securing the services of one so well equipped for the work now devolving upon him and I bespeak for him the same cordial support that was so generously given to me. Mr. Yun is a staunch supporter of progressive movements in his country, loyal and patriotic, and enters upon his country, loyal and patriotic, and enters upon his new duties with the purpose of advising the welfare of his country. he will need the help of friends and I hope the continue to furnish him with what is going on in the different parts of the country.

In closing I again thank our readers of both sections of the papers, and the editors of our contemporaries at home and a browed, for their encouraging words and support which they have given me personally and to the papers as entire. I trust that they may continue the favor by giving the new company the same support so that they may be able to carry on these sheets which, I am sure will not be deviated from the path which I have taken in the past- impartiality and accuracy.

PHILIP JAISOHN

[편자 주] 서재필은 1898년 5월 14일 서울을 떠나 미국으로 두 번째의 망명길에 오르게 되었다. 떠나면서 한글판 <독립신문>과 영문판에 실었던 글이다. <독립신문>을 회사체로 만들어 윤치호가 책임을 맡도록 하고, 기계는 배재학당에 빌려주었음을 밝히고 있다.

졔손씨 편지

서재필 | 〈독립신문〉 1898. 11. 16~17, 2회 연재

일젼 배편에 온 독립신문을 본즉 일변으로는 슬프고 또 일변으로는 깃분 것이 몃 백년을 두고 대한 인민이 쇼위 관인이라 하는 사람들을 모도 셩인 군자로 밋고 쟈긔들의 목숨과 재산과 부모 형뎨쳐자의 목숨과 재산을 관인들의게 부탁 하여 매년에 셰젼을 내여 정부 부비를 쓰게 하여 가면셔 인민의 일을 보아 달나 하고 인민이 나라 쥬인이엿마는 쥬인 인쳬 아니하고 이 월급 주어 준 관인들로 하여 주인의 일을 보아 달나 하엿더니 이 고입한 사환들이 차차 변하여 사환으로 상젼 되고 정작 쥬인은 로예가 되여 쟈긔들의 생명과 재산을 본래 고입 하엿던 사환들의게 무리 하게 일허 버리니 그 실샹을 생각 하면 쥬인들이 못생겨 사환들이 그 모양이 된 것이라 비유컨대 사람의 집에 쥬인이 사기 어려 오면 신실한 사람을 고입하여 집안 일을 보아 달나 하고 매삭 월급을 얼마큼 주게 하엿더니 그 쥬인이 졈졈 무식 하여 자손들을 교육도 아니 식히고 그냥들에 난 쵸목 갓치 자라게 한즉 그 자손들이 아모것도 몰으고 그믄 그 고입한 사람들의게 매여 그 사람의 로예가 되고 또 뎨일 한심한것이 그 쥬인의 자손들이 못생기고 무식 하야 로예가 된 것을 분히 녁이기는 고샤 하고 의례히 그럿케 되여야 맛당 할줄로 아니 그러 하고야 그 집안이 엇지 부지하여 세계에 힝세 할만한 사람의 집이 되리요

지금 대한과 청국 사정이 꼭 그러하여 그 두 나라 모양과 사정이 셰계에 천대를 밧게 되엿스니 그 허물은 뎨일 그 나라 쥬인된 인민들의게 잇는지라 오늘이라도 그 쥬인들이 일심으로 나서셔 사환들을 죠속하야 인민의게 유익 하고 국

가 명예와 영광에 유죠한 사업만 하야 심실한 사한들이 될 것은 의심 업시 아는 일이라 쥬인이 변하야 로예가 되여 몃 백년을 지내다가 홀연히 그 가련한 사정을 깨닷고 도로 쥬인의 권리를 차지랴 한즉 쥬인에 권리를 빼앗겻던 사환들이 죠와 아니 하야 아모죠록 젼과 갓치 자긔들이 쥬인 노릇 하랴고 할 것은 어둡고 더러온 인심에 쟈연한 일이라

그러하나 젼국 인민의 권리가 개화국이고 야만국이고 관인의 권리보다 더 한 것은 셰샹이 다 알거니와 다만 대한과 청국 백셩들은 쟈긔들 쳐디와 힘과 권리를 혜아리지 못하는 고로 로예 노릇을 하거니와 언졔던지 그 인민들이 쟈긔가 나라 쥬인인 줄노 깨다라 아는 날은 관인들이 변하야 비로쇼 누가 그 월급을 주고 엇지 하야 월급과 공명을 엇어 하는지 알고 그 돈 내은 사람들과 그 사람들의게 달린 사람들을 위하야 사무을 하랴 할 터이니 관인이 변하야 인민을 쥬인으로 셥기게 할 도리는 다른대 잇지 아니 하고 인민들의게 잇는지라

오늘이라도 인민들이 관인들을 대 하야 말하기를 우리가 이왕에는 우리 쳐디를 몰으고 로예 노릇을 하엿거니와 우리가 로예가 되고 본즉 다만 우리 인민만 셰계에 쳔한 인생이 될뿐 아니라 우리 님군과 우리 정부가 셰계에 천대를 밧으니 우리가 불가불 변하야 우리가 날 때에 하나님게 타 가지고 온 권리를 일치 아니 하겟노라 하며 무론 누구던지 이 권리를 무례히 빼앗으랴던지 욕 되게 하랴는 쟈는 우리가 셰상에 지탱치 못하게 하겟노라 하면 그 때는 그 관인들이 올케 깨다라 그리 하여야 나라도 지탱 하고 법률 긔강도

셜터이요 외국에 슈치와 욕을 밧지 아니 할 것을 알며 나라이 진보하면 쟈긔의 신샹과 쟈긔 자손의 젼졍에도 큰 리익 잇는 것을 알고 각기 맛흔 직무를 공평 졍직 하게 할 터이요 또 이럿케 지각이 뚤리지 못한 관인들도 올흔 도와 권리에 눌녀 감히 법외에 일을 못 할터이라 나라을 위탁한 자리에서 옴겨 튼튼한 반셕에 노흐랴면 그 나라 인민들이 일심으로 셔두러야 될 것이오 그 외에는 될 도리가 업는 것은 만국이 다 아는 일이니 대한 인민들도 이것을 몰으로는 나라 여망이 업슬 터인대 독립협회 회원들이 비로쇼 쳐음으로 이 사졍을 깨닷고 츙군 애국 넉자로 쥬쟝을 삼어 근일에 쇼인 간셰배들을 졍졍 방방 하게 공격하여 물니쳣다니 이것이 대한국 여망이라 외국 신문들이 독립협회을 대졉하여 말들 하엿스며 대한 우민들이 차차 해빗이 발근 줄을 아나 보다고들 말하엿스니 엇지 듯기에 깃부지 아니 하리요

그러하나 독립협회가 참 그 놉고 공평한 목적을 셩취 하랴면 첫재는 일을 삼가셔 하고 둘재는 무삼 일이고 착실히 생각하야 하므로 작뎡 한번 하엿거든 벼락이 쳐도 퇴촉 말고 일심으로 끗 나기까지 하여야 할 터이며 아직은 한번에 여러 일을 하랴 말고 다만 국중에 크게 관계 되는 일에만 공평한 의견을 셰샹에 대하야 바로 잡게 하며 국중 인민의게 젼도 하여 사람마다 백셩이 졍직하고 백셩이 법률을 발키고 백셩이 일심으로 나라 일을 살펴야 그 나라이 지탱도 하고 셰샹에 대졉도 밧고 후생들이 남의 로례도 아니 되고 젼국 인민이 버러 먹고 살게 될것을 알도록 션교샤 갓치 다니며 연셜 하여 깨닷게 하는 것이 회중에 큰 직무로 아노라

나는 몃 만리 밧게 잇서 쥬야로 축슈하는 것이 어셔 밧비 대한 대쇼 인민이 어둡고 더러운 녯길을 바리고 발고 발근 대로를 차져 나라가 셰샹에 대졉을 밧게 되며 인민의 지식과 재산이 늘어 행동거지와 의복 음식 거쳐가 셰계 개화국 인민들과 동등이 되기를 축슈 하며 대한이 이럿케 되도록 인도할 션생들은 독립 협회 회원 제공들인줄 밋고 바라노라

그 동안 회원들이 간셰배 몃을 떳떳하게 물리친 것이 매오 대한을 위하야 경샤롭기에 신문에 슈자 긔록하야 첫재는 대한 인민을 대하야 치하하고 둘재는 대한 인민 제공들의게 내가 대한을 애 하야 바라는 것을 아시게 하노라

북미 합중국 와싱돈에 거하며 대한을 사랑하는 제손
구월 십칠일

[편자 주] 서재필이 미국으로 돌아가서 〈독립신문〉에 보낸 글. 나라의 주인은 인민인데 조선은 인민이 노예가 되어 있다. 이를 바로잡으려면 국민의식의 개조와 독립협회의 역할이 중요하다. 서재필의 애국심과 주권재민 사상, 개화의지가 압축된 글이다.

제4장

온몸을 던진
미국에서의 독립운동

1899~1945

1898.	미국에 도착하여 미국·스페인 전쟁의 미 육군 군의관으로 입대.
1899~1903	펜실베이니아대학교 위스터연구소 연구원으로 근무.
1904~1913	해리 힐맨 아카데미 1년 후배인 해롤드 더머와 동업으로 필라델피아에서 인쇄 및 문구 사업.
1914~1924	필라델피아에서 필립제이슨회사(Philip Jaisohn & Co.)를 단독 운영. 인쇄와 문구사업 계속.
1918. 12. 19	대한인국민회 중앙총회장 안창호에게 영문잡지 발간을 제의.
1919. 4. 14~16(55세)	필라델피아에서 이승만·정한경과 함께 '제1차 대한인총대표회의' 개최.
4. 22(경)	필라델피아에서 한국통신부 설립. 〈Korea Review(한국평론)〉를 발간하면서 본격적인 선전활동 전개.
5. 16	필라델피아에서 한국친우회를 결성하고 이후 미국 전역과 영국·프랑스 등지에 23개의 친우회가 결성되도록 함.
1921. 4. 18(56세)	구미위원부 임시위원장이 됨.
7.	상하이 대한민국 임시정부 재무총장 이시영에게 워싱턴회의를 대비하도록 제의하고, 이후 단독으로 재정 모금 활동 착수.
9. 29	임시정부로부터 워싱턴회의 한국대표단 부대표에 임명됨.
1922. 2. 9	한국통신부와 한국친우회 활동에서 손을 떼고 사업에 전념하기로 함.
7.	〈Korea Review〉 7월호 발간을 끝으로 한국통신부의 활동 중단.
1922. 9~1935	〈동아일보〉, 〈조선일보〉, 〈신민〉 등 신문 잡지에 여러 차례 기고 활동.
1924.(60세)	필립제이슨회사 재정난으로 파산.
1925. 4	유일한과 공동으로 유한주식회사(Ilhan New & Co.)라는 무역회사를 설립했으나 곧 실패함.
7.	하와이 호놀룰루에서 열린 범태평양회의 한국대표단 일원으로 참가.
1926.9(62세)	펜실베이니아대학교 의과대학원 특별학생으로 입학하여 의학공부 재개.
1927. 6~1936	진스병원, 성요셉병원, 찰레스톤제너럴병원, 체스터병원 등에서 의사로 근무.
1929	병리학 전문의 자격을 얻음.
1929~1934	미국 의학학회지에 병리학 연구논문 발표.
1936	펜실베이니아 체스터에서 개인 의원 개업.
1937~1940	〈The New Korea〉에 「My Days in Korea」 등 기고 활동.
1941. 8.(77세)	부인 암스트롱 별세.
1942. 1~1945.4	미군징병검사 의무관으로 자원봉사.
1945. 1.	미국 국회로부터 징병의무관으로 봉직한 공로훈장 받음.

중년의 서재필.
미국 거주 시의 모습.

문방구와 인쇄업에 손대다

서재필은 1898년 5월 16일 마포에서 출발하여 일본을 거쳐 미국으로 돌아갔다. 그리고 다시 의사의 길을 걷기로 했다. 옛 친구이며 은사였던 리드 박사는 스페인전쟁 때 수많은 희생자를 낸 황열병 연구의 책임자로 쿠바에 가 있어서 서재필은 리드 박사 팀에 참여하지 못했다. 서재필은 종군을 지원하여 쿠바에서 미국으로 상이군인을 수송하는 병원선 하지(Hodge)호의 군의관으로 근무했다. 이 해 12월에는 전쟁이 끝났는데, 그 때쯤 그는 군에서 퇴역하여 펜실베이니아로 돌아온 것으로 추측된다.

서재필이 그 후 무엇을 했는지는 확실한 기록이 남아 있지 않다. 1948년에 출간된 김도태의 『서재필 박사 자서전』에는 "나는 다시 필라델피아대학으로 돌아와 해부학 강좌를 담당하고 있었다. 1914년 제1차 세계대전이 발발되기 전까지 16년 동안을 그곳에서 나는 오로지 청년 의학도의 교육에 전력을 다하였다"라고 기록되어 있다. 또 임창영의 영문저서 『Philip Jaisohn』(서재필기념재단 출판, 1980)에는 1898년 12월부터 1905년까지 펜실베이니아대학의 유명한 Wistar Institute of Anatomy and Biology에서 연구생활을 했다고 적혀 있다.

그러나 그러한 흔적을 찾지 못한 이정식은 그의 저서 『서재필』(정음사, 1984)에 "송재는 미국으로 돌아와서 얼마 되지 않은 후 인쇄업에 착수하였을 가능성이 가장 농후하다"고 기록했다. 한 가지 확인할 수 있는 기록은 1903년에 연구소 소장 호레이스 제인(Horace Jaine) 박사가 펜실베이니아대학 총장에게 보낸 보고서에 서재필의 이름이 단 한 번 나타난다. 이 때 서재필은 연구소에서 전시관에 진열할 인체 근육의 해부 표본 제작에 참여하고 있었다.

서재필은 결국 서울에 돌아가 있었던 시기에 의학과는 거리가 먼 생활을 했으므로 그만큼 자신이 의학에 뒤져있음을 인식하고 결국 의사의 길을 접었다. 그는 1904년 자신이 학창시절을 보낸 윌크스베리로 돌아가 힐맨 아카데미의 1년 후배를 만나서 문방구·인쇄업을 시작했다. 그 다음 해인 1905년에는 필라델피아에 분점을 열고, 스스로 맡아 관리했다.

서재필이 문방구업을 시작하였던 해에 러일전쟁이 일어났다. 그리고 1910년에는 일본이 강제 합병조약을 통해 조선을 완전히 일본에 병합시켰다. 서재필이 50세였던 1914년에는 제1차 세계대전이 발발했다.

그 해 서재필은 그동안 후배와 동업하던 사업을 결별하고 독자적인 문방구·인쇄·조판물(彫版物) 회사인 '필립 제이슨 상사'(Philip Jaisohn & Co.)를 필라델피아 상업 중심지에서 개업했다. 사업은 번창하여 시내 두 곳에 분점을 차리고 종업원이 50명이나 되는 중소기업으로 육성시켰다. 그 결과 그는 필라델피아 경영인협회(Business Association of Philadelphia)의 회계이사(treasurer)로 임명될 만큼 유력한 필라델피아의 유지(有志)가 되었다.

미국으로 돌아가는 서재필과 아내,
딸의 일본 체류를 허가하는 증서.
오늘의 사증(査證, Visa)이다.
1898년 6월 6일부터 1년간
유효한 서류이다.

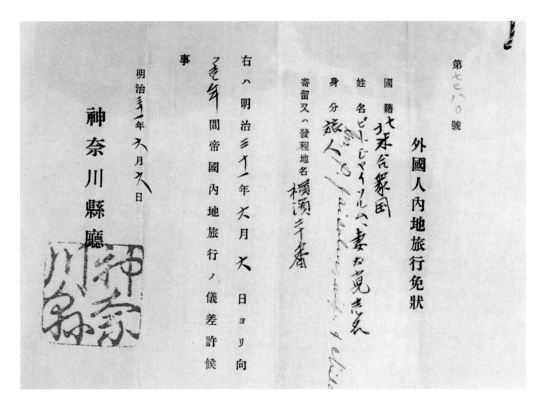

이와 같이 서재필은 필라델피아에서 지명도가 높은 사업가로 성공했지만 그는 이러한 사업적 성취에 만족하지 않았다. 어린 시절부터 품었던 조국을 개혁하겠다는 의지가 식지는 않았고, 신문 잡지를 발행하여 독립운동을 전개하겠다는 생각도 포기하지 않고 있었다. 그는 평범한 사업가로서의 생애에 불만을 느끼고 있었던 것이다.

국민이 법률을 지킬 줄 모르고, 내국인끼리는 싸우면서 외국인에게는 업신여김을 당하는 것은 교육이 부족하기 때문이라는 것이다. 나라의 독립과 외국의 압제를 피하고 민중의 의식을 계발하기 위해서는 교육이 필요하며, 교육을 위해서는 신문을 발간하는 일이 가장 효율적이고도 중요했다.

둘째, 서재필은 정부와 국민의 상호이해를 강조했다. 국민의 마음속에 불신과 의심이 만연하고 있음을 보고 이를 바로잡는 문제가 시급함을 역설했다. 세계 어느 나라도 국민의 협조 없이 존재할 수 없었으며 번영을 누릴 수도 없었다는 사실을 역사가 말해주고 있다고 했다. 민주주의 사상의 축약된 표현이라 할 수 있었다. 그는 국민의 협조 없이는 암울한 현실을 타개할 수 없다는 사실을 귀국한 직후부터 절실히 느꼈다.

구한말 워싱턴 공사관. 워싱턴 15번가에 있는
이 건물은 1905년 을사늑약 이후 일본이
관리권을 탈취하여 미국인에게 매각했는데
한미수교 130주년이었던 2012년에 문화재청과
문화유산국민신탁이 다시 매입했다.

대한민국임시정부 국무총리 이동휘 각하

서재필 | 상하이판 〈독립신문〉 1920. 3. 1

각하의 10월 15일에 보내신 간독(懇篤)한 글월은 깃부게 밧았습니다. 또한 임시정부의 중요한 각원 여러분이 ○○로 취회하여 융화적으로 질서 잇게 정무를 집행한다는 말삼듯고 축하불기이올시다.

이박사의 재외하시는 동안은 각하는 사실상 정부의 두령이올시다. 그럼으로 져는 진정으로 각하의 동지와 밋 전 한국동포가 모다 각하의 지휘명령 하에서 일심단결로 강경(強勁)히 우리의 적을 대항하며 대업에 진쇄하기를 바라는 바이올시다. 물론 여러가지 곤란신고 만흘 줄도 감작하옵니다. 그러나 유지자사필성(有志者事必成)이란 말과 갓치 만일 우리와 우리 지도자의게 진정으로 유지만 하면 우리의 대업은 기여히 성취코야 말 줄 아옵니다.

각하의 힘쓰실 제일 급무는 전동포로 하여곰 통일적 행동이 필요함과 따라서 각 개인의 단독적 행동 보다 단체적 노력이 더욱 유효함을 절실히 해득케 함이 올시다. 그럼으로 정부의 기관을 더욱더욱 완전케 하며 더욱더욱 진정한 애국정신을 거취하여 우리민족을 희망을 길로 인도함이 각하의 직책이오 아울너 특권이올시다. 이리하면 머지 안아 모든 것이 다 잘 성취될 줄 밋습니다. 금력의 부족으로 인하야 과거 우리의 경영하는 일은 속효를 보지 못하였습니다. 그러나 우리는 온갓 기회를 이용하며 온갓 금력과 온갓 인력을 다 허비하여서도 기여히 우리의 목적을 도달하지 안이하면 안이 되겟습니다.

과거 구개삭 동안 우리 동포의 표현한 정신과 기상은 참으로 탄복할만하며 참으로 세계에 자랑할만합니다. 져들의 단결력과 기민은 참으로 칭송할만합니다. 멀니 해외에 잇는 우리들도 본국동포가 독립자유를 위하야 여하히 수다한 생명을 희생하엿는지 다 기억하는 바이올시다. 우리들도 우리의 요구가 정정당당한 줄을 자각하오며 또한 우리가 독립자유를 향유함이 조곰도 부당함이 업슴을 확신하는 바이올시다. 그럼으로 우리들도 전력을 다하여 일치협력함이 우리의 본분이오 의무인줄 아옵니다.

현금 져는 미국인에게 본국의 사정을 소개하며 필설로써 분투를 계속하는 중이올시다. 우리가 우리의 이 의로운 싸홈을 끈준히 계속만 하여가면 필경에는 멀더라도 수년 내에 한국에 대변동이 생길 줄 확신하는 바이올시다. 우리는 한국을 세계에 널리 소개치 안이하면 안이 되겟습니다. 우리는 우리의 능력의 여하를 세계에 알닐 필요가 잇습니다. 동시에 우리는 더욱 더욱 백절불굴(百折不屈)하는 정신과 기상으로 나아가지 안이하면 안이 되겟습니다.

만일 세계가 진정으로 우리의 진정을 이해하게 되는 날에는 세계 각국인은 누구나 다 우리의 국권광복의 대업에 원조를 안이 할 자가 업슬 줄 아옵니다. 그럼으로 우리는 더욱더욱 일심협력하지 안이하면 안이 되겟습니다.

수시(隨時) 기후만안하시기 비옵고.

민국 원년(1919) 12월 24일
재 미국 비부(費府, 필라델피아) 선전부 주재 서재필

'한국을 그리는 열병' 앓게 만든 3·1운동

1913년에 이승만이 하와이에서 독립운동을 개시하자 서재필은 한국인의 독립의지를 세계에 홍보할 영문잡지를 창간하자고 제의했다. 그러나 영문잡지에 대한 하와이 교포들의 호응도가 낮아 이승만은 이 제의를 받아들이지 않고 국문으로 된 〈태평양잡지〉를 창간하였다. 서재필은 1918년 12월 19일에는 대한인국민회(大韓人國民會 : The Korean National Association) 중앙총회장 안창호(安昌浩)에게도 영문잡지 창간에 대한 지원을 요청하였다. 서재필은 제1차 세계대전을 종결하는 파리 강화회의 개최를 앞두고 해외 한국인들이 독립운동을 펼치기 시작한 시점에서 한민족의 독립의지를 전 세계에 홍보할 목적으로 이승만, 정한경(鄭翰景) 등 미국에서 대학교육을 받은 한국 지식인들과 손잡고 '미국에서 제일 고등한 영문잡지'를 발간하는 데 필요한 재정 지원을 대한인국민회에 요청한 적도 있었다. 서재필이 1919년에 발간한 〈한국평론(Korea Review)〉은 잡지 발행 계획을 실천에 옮긴 것이었다.

제1차 세계대전 중인 1918년 1월 윌슨 미 대통령은 세계 평화를 위한 14개 원칙을 발표했고, 전쟁이 끝난 후에는 민족자결 원칙을 천명했다. 이에 영향을 받아 1919년 조국에서 역사적인 3·1독립운동이 일어났다. 3·1운동은 서재필이 다시 한 번 '한국을 그리는 열병'을 앓게 만들었다. 그는 한국인이 거족적으로 일제의 식민통치에 반발하여 3·1운동을 일으키고, 4월 13일 상하이에 대한민국 임시정부가 탄생하자 문방구·인쇄·조판물 회사 일을 접어두고 1919년 4월부터 1922년 2월까지 약 3년간 한국 독립운동에 투신하여 여러 중요한 역할을 담당하였다.

3·1운동에 대한 소식을 들은 재미동포 사회도 희망으로 흥분하기 시작했다. 샌프란시스코 국민중앙총회에서는 즉시 미 서부에 사는 동포들을 대상으로 독립의연금을 모금하기 시작했고, 모두 3만여 달러를 모은 쾌거를 이루었다. 당시 농장에서 한인 노동자의 하루 품삯이 3달러였던 점을 감안하면 실로 뜨거운 열기가 아닐 수 없었다. 이런 모든 상황에 고무되어 3월 20일부터는 국민회에서 발행하던 〈신한민보〉도 주간에서 격일간으로 발행하기 시작했다.

서재필은 이 기간에 자신이 살던 필라델피아를 거점으로 독립운동의 중심인물로 활동했다.

제1차 대한인총대표회의(First Korean Congress)에 참가한 한인들. 1919년 조국에서 3·1운동이 일어나자 미국에 있던
서재필, 이승만, 유일한, 정한경 등은 독립을 위한 지원 방안을 모색하기 위해 미국 본토, 하와이, 멕시코 등 전 미주에
거주하는 한인들의 대표를 소집하여 1919년 4월 14~16일 필라델피아에 200여 명의 대표가 모였다. 대부분의 한인들이
막노동꾼이었으며 열흘 정도에 지나지 않은 짧은 기간의 소집공고, 어려운 교통편을 감안하면 200여 명이나 모였다는
사실은 기적에 가까운 성과였다. 서재필은 의장으로 회의를 주재하였다.

회의를 마친 후 참가 대표들이
태극기를 앞세우고 비가 내리는
독립기념관 앞을 행진하고 있다.
태극기 앞의 큰 북을 든 미국인은
필라델피아 경찰악대의 일원인데
미국정부의 한국독립에 대한
무관심에도 불구하고 필라델피아
경찰악대가 행진을 인도한 것은
서재필이 문방구상과 인쇄업으로
성공하여 당시 필라델피아
경제인연합회 회계(treasurer)를
맡아보는 등 성공한 기업인이어서
시장과 경찰국장 등이 모두
친구였기 때문이다.

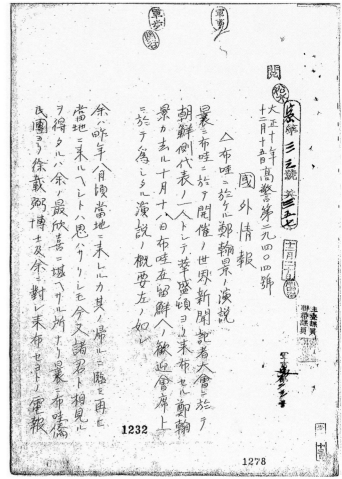

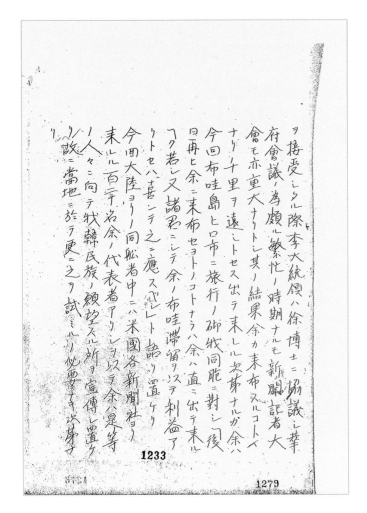

1921년 10월 하와이에서 열린 만국기자대회에 참석한 정한경이 10월 18일 하와이 거주 한국인들의 환영식에서 연설했다는 일본 고등경찰의 '국외정보' 기록. 하와이 교포들이 서재필을 하와이로 초청했으나 서재필은 참석할 수 없는 상황임을 밝혔다는 내용도 적혀 있다.

◇ 한국기자대회 간부 ‖ 외임원으로부터, 부회장감 ‖ 평의회장 ‖ 만국대회대표 등등 ‖

하와이에서 1921년에 열린 만국기자대회에 참석한 〈동아일보〉 기자 김동성이
부회장에 당선되었다. 왼쪽 첫 번째가 김동성. 〈동아일보〉, 1921년 10월 23일.

정한경(왼쪽)과 이승만.
정한경은 1919년 4월 서재필, 이승만과 함께
대한인총대표회의를 주도했던 인물이다.

필라델피아에서 대한인총대표회의 개최

　1919년 4월 14~16일 사흘간 서재필은 필라델피아에서 대한인총대표회의(The First Korean Congress)를 개최하고, 이 대회의 의장으로서 사회를 맡았다. 서재필은 이승만, 정한경과 더불어 이 회의를 소집하였고 3일간 회의를 주재함으로써 대회를 성공적으로 이끌었다. 그는 대회에 참가한 한국인 애국지사들과 함께 3·1운동 후에 수립된 '대한공화국 임시정부'를 적극 지지할 것을 다짐하였다. 서재필, 이승만, 정한경 등은 총대표회의 개최 사실을 국·영문 신문지상을 통하여 광고했다. 그와 동시에 미국의 뉴욕·오하이오·일리노이·미주리·와이오밍·네브라스카·아이오와·콜로라도·캘리포니아·펜실베이니아 등 11개주(州), 영국의 런던 및 아일랜드, 그리고 교포들이 많이 거주하던 하와이와 중국 등지에 산재한 해외 동포들에게 청첩장 혹은 전보로 통지하여 초청하였다. 그 결과 이 대회에는 연인원 150명 정도의 한국인 '대표'(delegate)들이 참가했다.

　참가자 가운데는 임병직, 조병옥, 장택상, 유일한, 김혜숙 등 광복 후 남한에서 중요한 역할을 맡게 되는 인사들이 다수 포함되어 있었고, 각종 결의안을 토의·채택했다. 이어서 태극기를 흔들면서 시가행진을 한 다음 독립선언문을 낭독하는 의식을 거행하였다. 이 대회는 3·1운동 이후 미국에서 소집된 최초의 대규모 한국인 정치집회로서 1919년 9월 상하이 임시정부의 헌법 개정과 1945년 이후 신생공화국의 현실정치에 상당한 영향을 끼친 것으로 여겨지는, 독립운동 사상 이정표적 의의가 있는 행사였다.

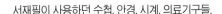

서재필이 사용하던 수첩, 안경, 시계, 의료기구들.

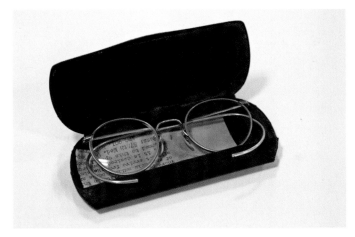

1919년 4월 14~16일 필라델피아에서 열린 대한인총대표회의 참석자들.
서재필은 이승만, 정한경과 더불어 이 회의를 소집하였고 3일간 회의를 주재하였다.
앞줄 왼쪽에서 세 번째 태극기를 든 부인 뒤에 서재필이 서 있다.

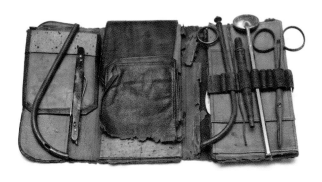

세계에 독립의지 알린 영문 월간지 발간

서재필은 대회 종료 후 '대한공화국 통신부'(The Bureau of Information for the Republic of Korea)의 총책임자(director)로서 한국인의 독립의지를 세계에 홍보하는 영문 월간지 〈한국평론(Korea Review)〉을 편집·발간하면서 3·1운동에서의 일본탄압의 참상과 한국독립을 호소하는 다수의 소책자들을 발행했다.

〈한국평론〉은 1919년 4월에 창간하여 처음에는 1천 부를 발행하였으나 1920년 3월부터는 2천500부까지 출판되는 등 미국에서의 독립운동에 커다란 공헌을 하고 있었다. 그러나 워싱턴 구미위원회가 자금난에 빠지면서 〈한국평론〉 발행을 돕기 위해 매달 지원하던 800달러를 1921년 6월부터 중단했다. 구미위원회 임시위원장을 맡게 된 서재필은 자신이 발행하던 〈한국평론〉에 대한 재정지원을 끊는 결정을 해야 했던 것이다.

그러나 서재필은 〈한국평론〉 발간 사업을 중단할 수가 없어서 1922년 7월까지 1년여 동안 사재(私財)를 털어 발간을 계속했다. 또 필라델피아의 한국홍보국을 독립적인 기관으로 만들어서 교포들의 구독료와 기부금으로 유지해 보려고 했으나 수백 달러가 아닌 수천 달러의 자금이 필요했던 사업을 사재만으로 유지하는 것은 불가능했다.

한국 친우동맹 조직: 서재필은 미국인 유지들, 즉 목사와 교수, 상원의원, 퇴직 장군 등으로 필라델피아에 '한국 친우동맹'(The League of the Friends of Korea)을 조직하여 미국 내 19개 도시 및 유럽의 런던·파리 등에 조직된 이 동맹 지부들과 연대하여 대한민국 임시정부의 독립운동을 지원하였다. 한국 친우동맹은 동아시아의 사정을 미국인들에게 알리고 자유를 위해 싸우는 조선민족에게 격려와 동정을 보냈다. 또한 일본이 조선에서 자행하고 있는 폭정을 즉시 중단시키도록 노력하며, 한국 기독교인들의 종교적 자유를 부여하기 위해 노력하는 것을 목표로 했다. 1920년과 1921년 3·1절 기념일에는 뉴욕에서 미국의 여러 일류명사들을 연사로 참가시켜 700~800명의 청중을 동원한 강연 자리를 마련했고, 서재필은 사회를 보았다.

구미위원부 고문: 1919년 8월에 이승만이 워싱턴D. C.에 설립한 구미위원부(歐美委員部: The Korean Commission to America and Europe)의 고문직과 임시위원장을 맡아 이승만이 상하이로 건너가 '대한민국 임시대통령' 직을 수행하는 동안 이 기구의 사무를 대행하였다. 당시 이러한 활동의 비용은 한인 동포의 모금으로 충당했다.

서재필이 발간한 영문 월간지 〈한국평론(Korea Review)〉.
아래 사진 앞줄 중앙이 서재필이다.

워싱턴에서 열린
태평양군축회의에
참석하기 위해
구미위원부 청사를
나서는 한국 대표단장
이승만(왼쪽)과
서재필 부단장.

워싱턴 구미위원부 앞에서. 앞줄 왼쪽부터 이승만, 비서 헤이븐, 법률고문 돌프, 뒷줄 왼쪽부터 서재필, 정한경.

고국 동포에게, 동아일보를 통하야

서재필 | 미국 필라델피아에서 8월 14일. 〈동아일보〉 1922. 9. 14

이 논문은 미국에 잇서서 나이 늙도록 우리 조선민족을 위하야 애쓰는 서재필 박사의 글인대 이글을 일거 보면 그 노 박사가 얼마나 얼마나 우리 조선민족을 위하야 마음에 울고 잇는지를 가히 알 것이다.

◇   ◇

기자 족하 나는 조선에서 출생한 한 사람이오 또 조선민족의 진보발달을 위하야 다년노력하야 온 한 사람임으로 나의 마음은 조선민족에 관한 모든 일에 대하야 실로 항상 긴장한 흥미를 감(感)하나이다. 그 중에도 특히 나의게 큰 만족을 주는 한 가지 일은 우리 조선 사람의 손으로 경영이 되고 발간이 되는 일간신문 동아일보 갓흔 것이 생겨난 그 것이외다. 나로 하야곰 족하에게 축의를 표케하라. 그 여러 가지 곤란을 다 이기고 족하가 영예시러운 사업을 진행하야 나가는 것을 나는 충심으로부터 축하하며 또 족하는 그 여러가지 불편을 이기고 차후로도 계속하야 그 신문을 발간할 줄을 알고 족하로 말미암아 나는 일종의 득의를 감하나이다.

국한문에 대한 나의 지식은 능히 귀지에 발간되는 모든 기사를 독파할만큼 풍부하지 못하나 그래도 나는 귀지를 접수할 때마다 힘써 귀사설의 대의를 포착하랴 하나이다. 나는 생각하되 귀 사설은 선한지라 귀지독자에게 큰 유익을 줄 것이라 하나이다. 만일 사정이 허락하면 족하는 나의 이 단편논문을 귀지에 게재하야 나의 사랑하는 고국동포로

하야금 외국에 망명하야 잇는 우리들도 그 고국에서 발간되는 가치 잇는 신문을 구독하고 그로 인하야 고국의 소식을 듯고 깃버하는 줄을 알게 하야주소서. 그러나 족하가 만일 이 논문을 발표함으로 귀지에 불리가 되고 또 검열관의 악감을 징발할 염려가 잇다고 인정하거든 사양업시 이 논문을 몰수할지라도 나는 조금도 개의치 아니하겟나이다. 나는 결코 족하에게 불리한 일이 생하거나 조선에서 신문을 검열하는 관헌 당국의 악감을 표케할 희망을 지(持)치 아니 하나이다.

나는 오즉 조선민족을 사랑하고 또 사랑함으로 그와 말하고자 하나이다. 그러나 그 의사를 통하는 길이 오즉 귀지를 통하는 수밧게 업슴을 알기 때문에 이 논문을 보내여 게재하기를 청하나이다.

나는 정치에 논급코자 하지 아니하며 또한 과거사를 토의코자 하지 아니 하나이다. 오즉 나의 희망하는 바는 귀지 독자로 하야금 내가 아즉 생존하야 우리 조선민족이 민족으로서 또 민중으로서 근대문명 생활에 발달되기를 희망하고 잇는 것을 알게 하는 것 이것 뿐이외다. 민족이나 개인을 물론하고 그 진보 발달하는 유일한 길이 교육에 잇는 것은 물론이며 따라 이 교육 업는 자의 필연한 운명이 노예적 처지가 될 것은 세인이 다 아는 바 아닙니까. 나는 생각하기를 오늘날 조선민중이 처하야 잇는 저 불상한 정황은 순연히 조선 민중 측에 현대의 지식이 결핍함에 원인한 것이라 하나이다. 그러나 나는 이제 사랑하는 우리 조선민족이 이 사실을 자각하는 줄을 알게 되얏스니 우리의 어린 남자

와 여자가 현대의 지식을 엇고자 열심으로 학교에 입학코자 하는 것은 곳 이를 증명함이 아닙니까. 그 지식은 실로 그 자녀로 하야금 이 세상에서 생활함에 적합하게 하고 따라 자신에게와 또 민족에게 큰 신용을 주는 것이외다.

교육이란 말은 일반적으로 지식을 표시하는 말이외다. 교육에는 종류가 만흔지라 비록 가장 문명한 사회에 처하얏다 할지라도 일개인으로서 그 모든 방면의 교육을 밧기는 도저히 불능한 것이외다. 그러면 오늘날 조선민중에 대하야 가장 필요한 교육은 무엇인가. 나는 생각하되 조선민중의 일상생활을 유쾌하게 하고 행복시럽게 하고 또 그 건강을 증진함에 필요한 모든 물질을 생산케 할 그 지식 그 교육이라 하고자 하니 곳 세계 시장에서 매매되는 모든 물화 그 중에도 의식주에 필요한 물자를 산출하는 그것이라 하나이다. 그러나 이 모든 물화를 산출하랴면 다수히 또 경제적으로 산출하랴면 그에 필요한 각 전문지식을 수(修)할 필요가 잇나이다. 일 민족의 경제적 생활이 타민족과 동등한 지위에 달하지 못하고서는 도저히 타민족으로부터 존대와 경의의 표시를 기대하지 못할 것이외다. 그럼으로 나는 조선민족에게 목하에 가장 필요한 것은 현대문명 생활에 필요한 물자를 산출하는 그 지식을 획득할 것이라 하고자 하나이다.

현재 조선의 정치 당국자가 조선민중이 경제적으로 발전하는 것을 반대치 아니하는 것을 나는 알며 또 그 정치 당국자가 조선 민중의 경제적 발달에 대하야 교육의 기회를 제공하고자 하는 줄을 나는 알거니와 이것이 진실노 사실이라 하면 차제에 각 조선 사람은 그 기회를 포착하야 조선 민족으로 하야금 세계 엇던 민족과든지 동등지위에 립(立)케 할 그 지식을 획득하여야 할 것이외다. 현대생활에 잇서서는 경제적 독립이 오히려 정치적 독립보다도 일층 중대한 것이외다.

이밧게 인류남녀로 하야금 자유럽게 하는 또 한지식이 잇스니 그는 곳 하나님과 나사렛의 예수를 통하야 표현된 그 진리에 관한 지식이외다. 하나님과 항상 교통하고 또 그 진리에 복종하는 사람이면 그는 세계 모든 사람의 존경과 신용을 엇게 될 것이오 또 세속의 모든 공포심은 소산(消散)하고 말 것이외다. 원래 순결한 양심은 그 사람으로 하야금 신성한 주의를 위하야 튼튼히 설 용기를 가지게 하는 것이 아닙니까. 이와 갓흔 도덕적 용기와 경제적 독립의 능력이 서로 합하면 조선 민족에게 행복과 번영이 올 것은 물론이오 세계의 찬양을 득할 것이 사실일가 하나이다.

기자족하 이 진리를 우리 조선형제의 각개 마음과 생활에 침투케 하는 것보다 더 큰 일이 무엇이며 더 큰 조선민중에 대한 봉사가 무엇입니가. 나는 항상 조선민중에게 신실한 친구가 되기를 심축하면서 이만 각필하나이다.

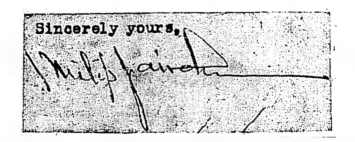

3년 동안의 독립운동 몰입 끝에 파산

1921년 11월부터 1922년 2월까지 미국 수도에서 '워싱턴 군축회의'(The Washington Disarmament Conference: 일명 '태평양군축회의', '워싱턴회의'로 약칭)가 열렸다. 제1차 세계대전 후 동아시아와 태평양의 평화 문제를 다루기 위한 모임으로, 구미열강이 유럽에서의 전쟁에 몰두하고 있던 사이 동아시아와 태평양에서 이뤄진 일본의 과도한 세력 팽창과 침략, 예컨대 중국에 강요한 21개조 등에 대해 토의하는 회의였다.

그러나 워싱턴회의 의제 가운데는 일본의 팽창에 대한 견제가 포함되기는 했지만, 최우선적인 의제는 제1차 세계대전이 끝난 후에도 강대국들 간에 계속되던 군비확장, 특히 해군력의 확장을 통제하자는 목적이었다. 미국도 제1차 세계대전으로 군비를 과도하게 사용한데다가 미국경제가 점점 공황으로 빠져들고 있었기 때문이다.

서재필은 극동문제가 토의되는 이번 기회를 결코 놓쳐서는 안 된다고 생각했다. 향후 한국의 독립 여부도 여기에서 결정될 것이므로 이러한 기회는 다시 오지 않을 것이라면서 이번에 나라를 구하기 위해 힘을 써야한다는 것을 워싱턴 구미위원회 임시위원장의 자격으로 상하이 임시정부에 호소했다. 임시정부 측은 즉각 찬성하고 구미위원회에 일체의 행동을 위임하는 결정을 통보해 왔다.

미국 동포들도 〈신한민보〉 등을 통해 사전 외교준비와 거기에 소요되는 비용을 충당하기 위한 특별 의연금 모금에 나섰다. 이리하여 구미위원회가 모금한 액수는 9월부터 11월 초까지의 짧은 기간에 무려 2만 1천여 달러에 달했다. 미국 본토와 하와이는 물론 멕시코, 쿠바 동포들의 공채 판매금과 특별 의연금이 답지하고, 미국에 있는 중국인들도 1천900달러에 달하는 많은 돈을 기부했던 것이다. 구미위원회는 워싱턴회의를 위해 '군축회의를 위한 한국위원회'(Korean Commission to the Conference on Limitation of Armament)로 새로운 발족을 했다. 이승만이 위원장이 되었고 서재필은 부위원장을 맡았다.

서재필 등 독립운동가들은 미국정부 고위관리들과의 접촉과 문서 운동에 노력을 집중했다. 서재필은 이미 면식이 있었던 휴즈 국무장관을 만나 조선 문제 해결을 부탁했다. 휴즈는 조선 문제를 공식회의에서 정식의제로 다룰 수는 없으나 비공식적으로 일본대표를 만나 토론하겠다고 약속했고, 그 약속을 지켰다. 조선 국내에서는 워싱턴회의에 대비해 이상재의 주도로 각계각층 대표와 각 도 및 군 대표들 372명(황족 대표로 의친왕 이강도 포함)의 도장을 찍은 「한국 인민이 태평양회의에 보내는 글」을 구미위원회를 통해 국무장관에게 전달했다.

군축회의를 위한 한국위원회는 또한 각종 문서를 만들어 회의에 참석한 각국 대표들에게 배포했다. 『한국적요』(韓國摘要, Briefs for Korea)라는 책자를 만들어 휴즈 국무장관에게 제

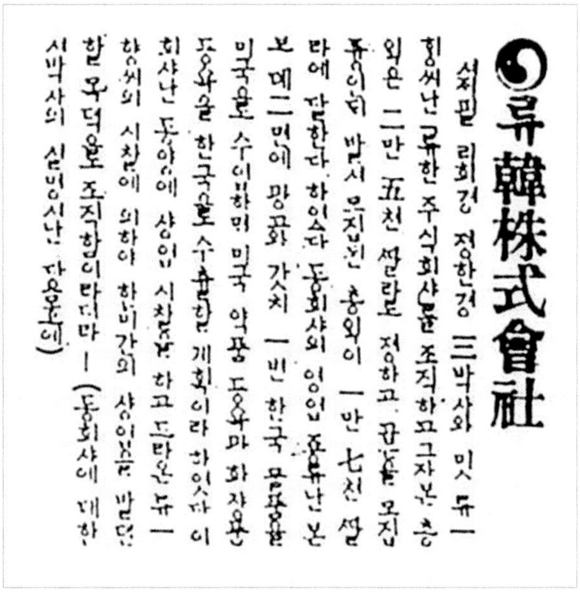

류韓株式會社

서재필 리희경 정한경 三박사와 밋 류一
한씨난 류한 주식회사를 조직하고 그자본 총
익은 二만 五천 쌀라로 정하고 고본을 모집
중이더니 발서 모집된 총익이 一만 七천 쌀
라에 달한다 하엿스다 동회사의 영업 종류난 본
보 메二면에 광고와 갓치 一반 한국 물품을
미국으로 수입하며 미국 약품 동양마 화장품
동양을 한국으로 수출할 계획이라 하엿다 이
회사난 동양에 상업 시찰을 하고 도라온 류一
한씨의 시찰에 의하야 한미간의 상업을 발달
할 목뎍으로 조직함이라더라 一(동회사에 대한
서박사의 설명시난 다음호에)

류한회샤의 자금 증가

샤뎜을 큰집으로 옴기고 확쟝

서재필 박사가 샤쟝인 류한 주식 회사난 조
직한지 一기년에 그사업이 미우 잘 되난고로 그
총자본 二만 五천 쌀라이던것을 증가 하야
五만 쌀라로 하고 또한 재추로이 잇난 동
회사의 무뎜의 수용량이 너머나 협착함으로 다
시 큰집을 엇어 현금 수리중이니 그수리를 필
한후에 즉시 옴가 들고 사업을 확쟝하리라더라

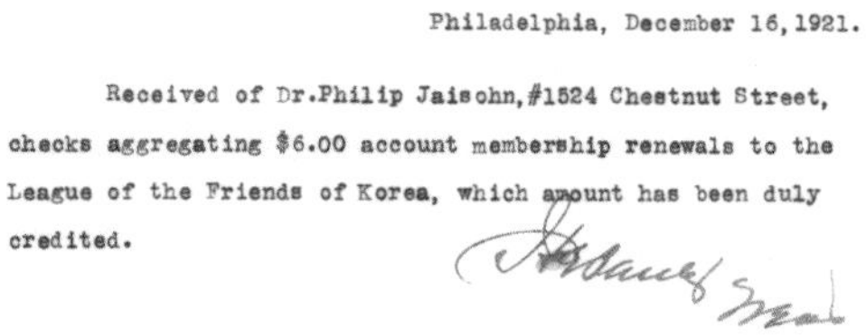

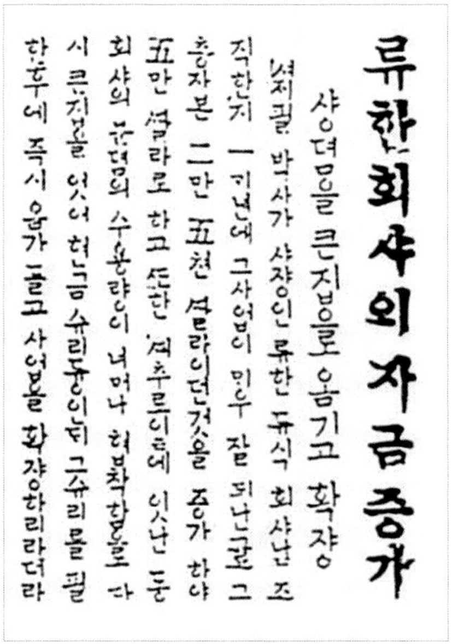

서재필은 1904년 펜실베이니아주의 윌크스 배리에서 문구상 '디머 앤드 제이슨'을 열었다가 1914년에는 필라델피아에서 '필립 제이슨 상회'를 단독으로 운영하였으나 독립운동에 열중하다가 재정난으로 1924년 문을 닫았다. 1925년에는 새로이 '유한주식회사'(Ilhan New & Co.)를 열었다. 그러나 이 사업도 성공하지 못하여 1926년에는 문을 닫고 펜실베이니아 대학 의과대학으로 돌아가 세균학, 병리학, 피부비뇨학 등을 연구했다.

Philadelphia, December 16,1921.

Received of Dr.Philip Jaisohn,#1524 Chestnut Street, checks aggregating $6.00 account membership renewals to the League of the Friends of Korea, which amount has been duly credited.

한국친우동맹(The League of Friends of Korea)의 연 회비 납부 영수증. 1921년 12월 12일에 발급된 영수증에 서재필은 6달러를 납입한 것으로 되어 있다.

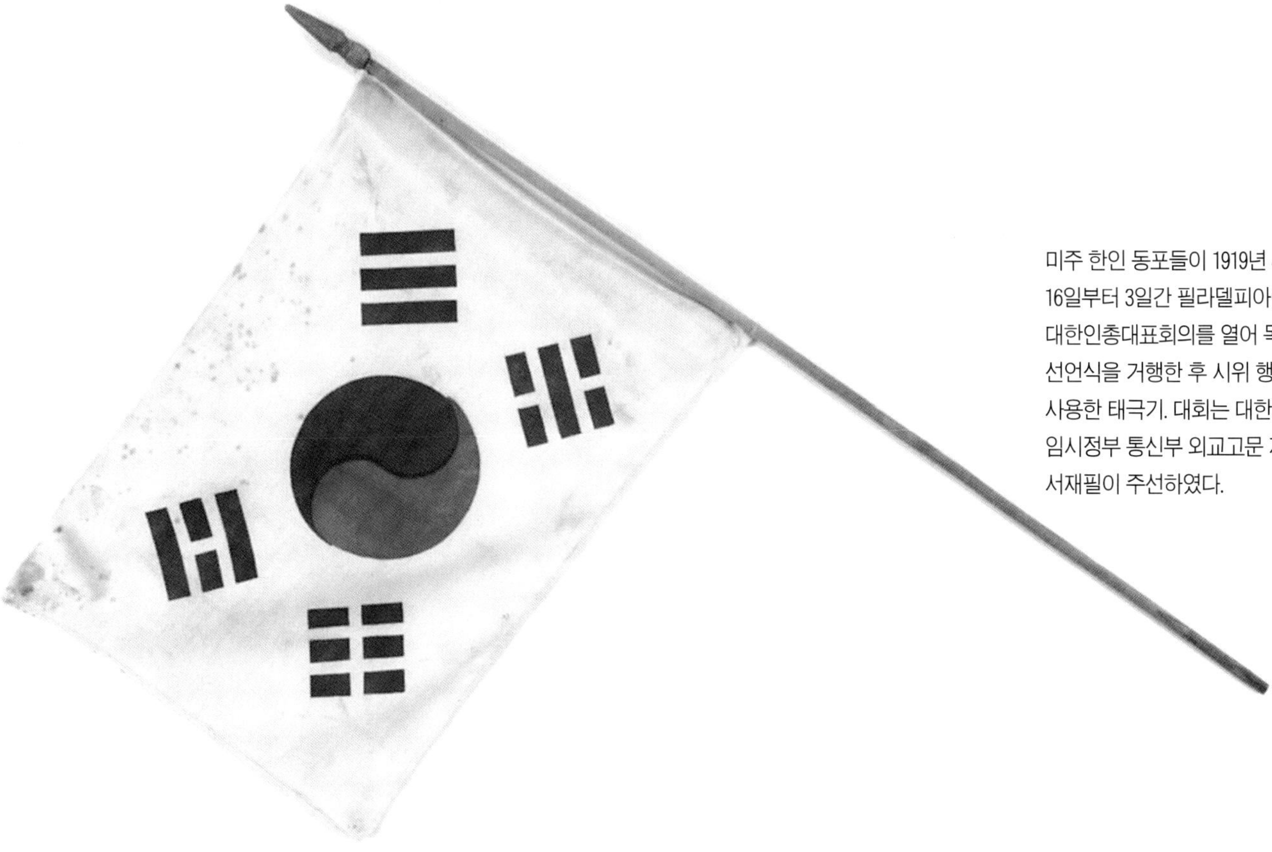

미주 한인 동포들이 1919년 4월 16일부터 3일간 필라델피아에서 대한인총대표회의를 열어 독립 선언식을 거행한 후 시위 행진할 때 사용한 태극기. 대회는 대한민국 임시정부 통신부 외교고문 자격으로 서재필이 주선하였다.

출하기도 했다. 이 책자는 한국독립 문제를 역사적, 국제법적, 도덕적으로 치밀하게 논했는데, 을사늑약과 한일합병조약이 모두 강압과 폭력에 의해 이뤄졌으므로 국제법적으로 무효임을 주장했다. 한국위원회는 워싱턴회의가 개최되기 직전 미국 대표들에게 청원서(Korea's Appeal)를 제출했고, 회의가 개최되자 워싱턴회의에 또 청원서를 제출했다. 워싱턴회의 시기에 워싱턴에서는 휴즈 국무장관뿐만 아니라 스펜서 상원의원 등 미국의회 의원들의 적극적인 협력도 있었다.

서재필은 워싱턴회의가 끝난 3일 후인 1922년 2월 9일자로 경과보고서를 작성하여 발표했다. 그는 비록 이 회의에서 한국 문제가 정식으로 논의되지는 않았지만, 한국위원회 대표단이 제출한 청원서와 서재필 자신의 연설, 여러 신문지상에 게재된 논설과 평론 등은 미국정부와 다른 나라 대표들까지 한국 문제를 이해하도록 도왔다고 말했다. 또 한국 대표단 태도의 당당함과 수완의 민첩함으로 많은 동정자들을 얻게 되었으며, 비공식적 회의에서 한국 문제가 여러 번 논의되었다고 밝혔다. 이를 통해 여러 나라들이 한국의 독립운동이 결코 몇 사람의 선동가들의 행위가 아니고 진정한 전 국민의 운동이었음을 잘 이해했다고 평가했다. 아울러 본국에서 이상재 등 372명이 보내온 청원서가 큰 힘이 됐다고 덧붙였다.

워싱턴회의에 기대했던 외교성과가 나타나지 않자 서재필은 독립운동에서 손을 떼고 다시금 개인 사업으로 복귀할 수밖에 없었다. 서재필은 워싱턴회의 경과보고서 마지막에서 "이제는 경제난으로 말미암아 무슨 특별한 운동이 발생하기 전에는 필라델피아에 있는 한국홍보국과 여러 곳에 있는 한국친우동맹 사업을 일체 정지하게" 되었다고 밝혔다.

나중에 서재필 자신이 회고한 내용을 보면, 서재필은 3·1운동 발생 후 근 3년 간의 활동으로 자신의 '시간과 재산'을 몽땅 바쳤고, 그로 인해 사실상으로 파산하고 말았다고 고백했다. 제이손 회사는 1924년에 정식으로 파산했다. 서재필의 나이 60세였다.

서재필은 3·1운동 당시 8만 달러의 재산을 갖고 있었다. 그 재산이 독립운동으로 모두 없어지고 종업원을 50명까지 둘 정도로 번창했던 문방구·인쇄업은 남의 손에 넘어가고 남은 것은 미디아에 있는 집 한 채뿐이었다. 그런데 그것도 독립운동 활동자금 채무로 인해 저당 잡혀야 할 처지에 있었다. 비록 익명의 미국인이 한국 본국에 있는 한국 사람들이 서재필의 워싱턴회의 경비를 위해 비밀히 보내온 것이라면서 7천 달러(혹은 9천900달러) 수표를 전달해 주었지만, 워싱턴회의를 위해 서재필이 쓴 사재는 그 10배가 넘는 7만 6천 달러나 됐다. 서재필은 기업의 파산을 초래하고 말았고, 그 타격으로 그는 경제적으로 재기할 수 없게 되었다.

1919년 프랑스 파리에서 열린 만국평화회의에 참석한 김규식 등이 작성한 문서. 타고르의 시를 인용하면서 시작하여, 국가와 민족, 한국과 일본의 전통적 관계, 일제 하 한국의 상황, 독립운동, 일본의 잔인성, 일본의 대륙정책을 정리하였다. 부록으로 독립선언문, 한일간 조약문 등을 실었다.

LES JAPONAIS CRUCIFIENT LES CORÉENS CHRÉTIENS
" COUPABLES " DE VOULOIR LA LIBÉRATION DE LEUR PAYS DU JOUG JAPONAIS

CRUCIFICATION AU XXᵉ SIÈCLE

(Photographie prise par " l'International Film Cᵒ " quelques minutes après l'exécution, par les soldats japonais, des manifestants pacifiques coréens, attachés aux croix et fusillés).

MANIFESTATION PACIFIQUE A SÉOUL AU MOIS DE MARS 1919

LA POLICE JAPONAISE FORCE LES CORÉENS A OUVRIR LES MAGASINS FERMÉS PENDANT PLUS D'UN MOIS
EN SIGNE DE PROTESTATION

1919년 프랑스 파리에서 열린 만국평화회의에 참석한
한국대표단이 제출한 자료에 포함된 사진들.
일본의 한국 침략상이 담겨 있다.

하와이 범태평양회의 참석을 위해 서재필은 1925년 6월 필라델피아를 출발하여
샌프란시스코 경유 호놀룰루에 도착했다. 수백 명의 한국인들이 서재필을
영접했다. 학생들과 자리를 같이 한 서재필.

범태평양회의에 참석하고
돌아온 신흥우 인터뷰 기사.
〈조선일보〉 1925년 7월 31일.

八個國代表會合한

太平洋會議出席한 申興雨氏談

조선인과 일본인사이에 다투었던것은
말학:수업스]나 매우곤난하엿다고

朝鮮과 比律賓代表의 困境

◇귀국한 신흥우씨

도라왓다

칠월입일일본보부터 침월십오일 까지 미국 「하와이」도 수밀렌 태평양회의 (太平洋會議)에 조선긔독교 (朝鮮基督敎) 대표로 출석하엿든 신흥우 (申興雨) 씨가 이십구일저녁 일곱시에 경성에……

…정대독립을 주창하얏다…

주창하엿 습니다 조선사

1925 News Paper Confrence in Honolulu

서재필은 범태평양회의에 한국대표단의 일원으로 참석하여 한국독립을 역설하였다.
왼쪽부터 유억겸, 김양수, 서재필, 윤활란, 신흥우, 송진우(〈동아일보〉 사장).
사진에 나오는 윤활란은 윤치호의 딸로 미국 테네시 주 밴더필드대학을 졸업하고
귀국하는 길이었다. 이 사진은 〈동아일보〉 1925년 8월 1일자에 실렸다.

김양수가 하와이에서 보낸
범태평양회의 참석기.
〈조선일보〉 1925년 8월 30일.

하와이 신문의 서재필 도착 보도.
하와이에서 발행된 〈Honolulu Star-Bulletin〉
1925년 6월 30일자는 서재필의 도착 사진을
실었다. 그는 Oahu College의 Castle Hall에서
한국과 극동 아시아의 문제에 대하여
한국 교민들과 토론을 가졌다.
오른쪽 위가 서재필.

서재필과 안창호. 1925년 6월 서재필이
하와이 태평양회의에 참가할 무렵 만났다.

필라델피아에서 서재필이 한국친우동맹(League of Friends of Korea)을 운영하면서 한국의 자유와 독립을 주장하기 위해 선전용으로 발행한 책자.

서재필은 영문 잡지 〈Korea Review〉를 발행하는 한편으로 한국이 독립해야 할 당위성을 세계 여러 나라에 널리 알리는 선전활동을 전개했다.

생계 유지 위해 다시 의학의 길로

무일푼이 된 서재필은 가족 부양을 위해 무슨 일이고 하지 않을 수 없는 상황이 됐다. 서재필은 1925년에 유일한(유한양행 설립자)의 도움으로 무역회사인 '유한주식회사'를 차려 그 사장으로 취임했다. 유일한은 1919년 필라델피아 한인연합회의에 참석하기도 했다. 1922년에 숙주나물 통조림을 제조하는 '라초이' 식품회사를 설립하여 사업에 성공한 그가 서재필을 도운 것이다. 그러나 서재필의 사업은 처음에는 디트로이트에 분점을 내는 등 잘 되는 듯했으나, 오래 가지는 못했다. 유일한이 나중에 창업한 유한양행의 심벌마크인 '버들표'는 서재필의 둘째 딸 뮤리엘이 고안하여 선물한 것이었다.

서재필은 1925년 6월 하와이에서 열린 제1차 범태평양회의에 한국대표단의 일원으로 참석하여 한국독립을 역설하기도 했다. 1926~1927년 필라델피아 상공회의소 인명록에는 서재필이 '수입업자'로 등록되어 있으나, 무슨 물건을 어디에서 수입하여 팔았는지는 나타나 있지 않다. 서재필은 사업에서의 재기에 실패했던 것이다.

예순을 넘긴 서재필은 20년간 소홀히 했던 의학의 길로 돌아옴으로써 생계를 유지할 수밖에 없었다. 그때 그는 의사로서의 지식과 경험 부족을 느꼈음인지 1926년 9월에는 펜실베이니아 의대 대학원에 입학하여 보수교육을 받기로 결심했다. 학비 조달과 집의 생계를 이어 나가기 위해서 친구에게서 2천 달러를 꾸기도 했다. 그가 택한 과목은 임상병리학, 세균학, 면역학, 혈청학, 백신 치료법 등이었다.

보수 교육을 마친 1927년 6월 이후 서재필은 잠시 워싱턴의 어느 병원에서 근무하다가 다시 필라델피아로 돌아와서 폴리크리닉(Polyclinic)병원에서 일하였다. 그 후 암 치료 전문인 진스(Jeanes) 병원으로 직장을 옮겼다. 1926년, 미국에서 병리학 전문의 제도가 시작됨에 따라 거기에 응모하여 1929년 전문의 증서를 받음으로써 그는 한국 사람으로서는 처음으로 미국 전문의 자격을 얻었다. 이미 그의 나이 64세였다. 그 후 그는 또다시 직장을 바꾸어 리딩(Reading) 시에 있는 세인트 조셉(St. Joseph)병원에서 근무하게 되었다. 그때부터는 전문의로서 의학 전문저널 〈펜실베이니아 의학회지〉와 〈미 의학회지〉에 세 편이나 논문을 발표했다.

1933년과 그 이듬해에는 웨스트버지니아의 찰스톤에 있는 찰스톤 종합병원에서 병리학자로 근무하면서 〈미 의학회지〉와 〈웨스트버지니아 의학지〉에 연구논문을 한 편씩 실었다. 20여 년의 공백과 70세의 노령에도 불구하고, 2~3년 동안 5편의 논문을 문헌에 남긴 서재필의 탁월한 두뇌와 끈질긴 노력에 우리는 감탄할 수밖에 없다.

1935년 서재필은 펜실베이니아로 다시 돌아와서 체스터(Chester)병원의 외래환자를 보는 동시에 피부과 과장으로도 종사했다. 1936년에는 경제적인 어려움에서 벗어나고자 개업하여

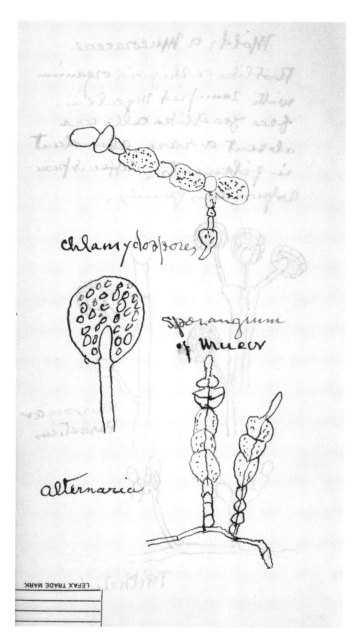

서재필이 의학 공부를 할 때에 그린 스케치와 연구 메모.

성공을 거두었다. 또 여러 학교나 주립기관의 의사로도 있었고, 크로저 체터(Crozer Cherter) 병원 병리과에서도 근무하였다. 서재필이 이곳저곳으로 다니면서 일하는 동안 그의 가족은 필라델피아 서쪽 근교 미디아의 집에서 살았다. 서재필이 다시 의학공부를 할 때, 그는 집을 저당 잡힌 돈으로 겨우 가족의 생계를 유지하면서 때때로 끼니를 거를 지경이었다. 1941년 제2차 세계대전이 일어나자, 그는 자진해서 징병 의무관으로 4년간 근무하였다. 그의 공로를 치하하여 미국 의회는 1945년 1월 그에게 훈장을 수여했다.

　서재필은 1942년 2월 27일부터 3월 1일까지 워싱턴의 라파에트 호텔에서 이승만이 주최했던 한인자유대회(The Korean Liberty Conference)에 참석했다. 그리고 그해 7월 23일 〈신한민보〉를 통해 「나의 모든 한국인 친구들에게 보내는 공개서한」을 발표하고 모두들 단결하여 독립운동을 해나갈 것을 부탁하기도 했다.

논객 서재필의 신문 기고

　서재필이 〈독립신문〉을 발행하였던 기간에도 적지 않은 수의 글을 썼을 것이라는 증거는 많이 찾을 수 있다. 하지만 〈독립신문〉 시기에는 기명으로 쓴 글보다 이름을 밝히지 않고 쓴 글이 더 많았다. 그러므로 그가 쓴 것이 확실하다고 여겨지지만 그의 글로 단정하기는 어려운 경우가 많다.

　그러나 1898년 5월 미국으로 돌아간 후에는 국내의 신문 잡지에 여러 편의 글을 기명으로 기고했다. 〈동아일보〉와 〈조선일보〉를 비롯하여 잡지에도 글을 썼던 것이다. 그는 우리나라에서 최초로 신문을 창간하고 경영한 공로도 컸지만, 언론 경영인이면서 글을 쓰는 논객이었다. 미국에서 국내의 신문과 잡지에 기고한 글과 미국에서 발행된 〈신한민보〉에 실린 글도 있다. 이 시기에는 대부분 영어로 써 보낸 글을 번역한 것이다. 그 가운데는 원래 우리말로 쓴 것인지 영어였는지 분명치 않은 것도 있지만, 거의가 영어로 쓴 것으로 보아도 좋을 것 같다. 〈동아일보〉와 〈조선일보〉에 실린 글 가운데는 영어 원문을 동시에 게재한 것도 있다.

　미국에서 보낸 글들은 대부분 영어 원문을 번역하였으므로 본인의 문장과는 약간의 차이가 있을 것이다. 일제 강점기에 서재필이 신문에 기고한 글 18편 가운데 〈조선일보〉 7편, 〈동아일보〉 6편이 각각 실렸다.

　1927년 3월 10일에서 14일까지 4회 연재된 「조선인에 대한 외국인의 오해」의 서두를 보면 〈조선일보〉 주필 안재홍이 서재필에게 매월 한 편씩 기고해 달라고 청탁하였다. 안재홍은 언론사 연구에도 관심을 가져서 1927년 1월 5일부터 9일까지 3회에 걸쳐 「조선신문사론」을 발표했다. 서재필은 미국에서 이 글을 읽었던 것이며, 안재홍의 「신문사론」에 비교적 자세히 언급된 〈독립신문〉에 관한 평가에 만족을 표시하고 있었다.

　서재필 사상의 핵심은 실용적인 교육이었다. 그는 일찍이 한학을 공부하여 과거에 급제했고, 일본에 유학하여 군사교육을 받은 사람이다. 미국으로 망명한 후에는 고등학교 과정부터 서양식 교육을 받았으며, 의과대학을 마치는 동안 동양과 서양의 학문을 두루 섭렵하였다. 그가 이와같은 교육적인 편력을 거치면서 나라의 발전을 위해 학문이 기여할 수 있는 방안에 관해 도달한 결론은 학문이 실용적인 효용을 가져야 한다는 생각이었다. 그는 사서삼경을 버리고 실학을 배워야 한다는 주장을 〈독립신문〉의 여러 논설에서 밝히고 있다.

　서재필은 경제적인 자립을 이룩하는 일이 독립의 필수요건이라고 판단했다. 그는 조선 민족이 세계 어떤 민족이든지 동등한 지위에 설 수 있는 지식을 획득하여야 하는 것이 첫째 조건이지만, 이와 함께 "현대생활에서는 경제적 독립이 오히려 정치적 독립보다도 일층 중대한 것"이라고 말했다.

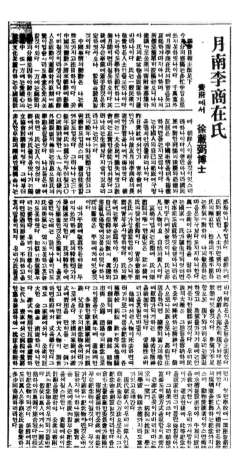

미국에서 서재필이 〈조선일보〉에
기고한 글(상단 왼편부터).

「조선일보 주필 귀하에게」 1924. 11. 23.

「고국을 바라보며」 1925. 1. 30.

「신년을 새맘으로 맞자」 1927. 1. 1.

「월남 이상재씨」 1927. 4. 30.

「고국 동포에게」 1927. 1. 24.

그는 "조선인의 산다는 상태가 죽은 것보다 훨씬 참담 가련하다"고 보고 조선 민중의 생활 정도를 개량하기 위해서는 "우리 백성을 이 복지로 인도하여 보랴는 충의가 잇는 수련 밧은 사역가와 일반 민중의 협력 여하에 달렸다. 그러나 누구를 물론하고 명심불망(銘心不忘)하여야 할 원리는 곳 그것이 일 개인이건 일 민족이건 번영으로 가는 길에는 즈름길이 업다 함이다"(「조선의 장래」, 김동환 편, 『자유와 평화』, 1932)고 주장했다.

서재필은 이와같이 조선 민중의 생활을 향상 시키는 방안으로는 모든 국민이 생산에 직접 참여해야 한다고 말하면서도 구체적이고 가능한 방안으로 농업, 제조업, 건축업의 진흥을 제시했다.

서재필은 아래와 같은 글을 썼다.

〈The Korean Repository〉	1896. 3.	What Korea Needs Most.
	1896. 4.	Korean Finance.
〈대조선독립협회회보〉	1896. 11. 30, 12. 5	공기(2회 연재).
	1897. 2. 15	동양론.
〈독립신문〉	1898. 5. 17	작별하는 말.
	1898. 11. 16~17	제손씨 편지 (2회 연재).
	1898. 5. 5	만민 공동회에 한 답장. 〈매일신문〉은 4일자에 게재.
〈독립신문〉(상해판)	1920. 3. 1	대한민국 임시정부 국무총리 이동휘 각하.
〈동아일보〉	1922. 9. 14	고국 동포에게, 동아일보를 통하야.
	1924. 2. 26~28	개인주의와 협동주의, 조선민족에게 중요한 끽긴사(3회 연재).
	1924. 5. 13.~17	Courage and Co-operation (5회 연재).
	1925. 1. 1	Dr. Philip Jaisohn's Message. 서 박사 기서.
	1927. 1. 1~2	신년을 당하야 고국동포에게, 깃브라, 일하라, 배호라!(2회 연재)
	1935. 1. 1~2	A Few Recollection of the 1884 Revolution.
		회고 갑신정변 서재필박사 수기, 변영로 역 (2회 연재).
	1935. 1. 3~4	체미 오십년;서재필박사 수기, 변영로 역(2회 연재).
〈조선일보〉	1924. 11. 23~25	조선일보 주필 귀하에게(3회 연재) .
	1925. 1. 13~14	고국을 바라보며(2회 연재).
	1925. 12. 13	To the Editor. 12.14. 귀보 속간을 하(賀)함.
	1927. 1. 1~3	신년을 새맘으로 맞자(2회 연재). 영문은 1~5.
		Let Us Face the New Year with a Smile(5회 연재)
	1927. 1. 24~26	고국 동포에게(3회 연재).
〈신민〉	1925. 10.	사회 교화로 본 〈신민〉의 사명.
	1926. 9.	〈신민〉 6월호 순종실록을 읽고.
『자유와 평화』	1932.	조선의 장래(김동환 편, 삼천리사 발행).
〈서울신문〉	1948. 1. 1	새해와 새 지표, 오로지 산업에 힘써야 조국의 완전독립을 전취한다.

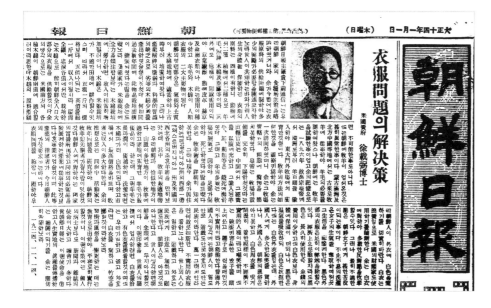

서재필의 신문 기고문(상단 왼편부터).

「의복문제의 해결책」〈조선일보〉 1925년 1월 1일.

「조선일보 주필 귀하에게(3)」〈조선일보〉 1924년 11월 25일.

「좀 더 잘 살길은」〈동아일보〉 1926년 6월 12일.

「조선인에 대한 외국인의 오해」〈조선일보〉 1927년 3월 10일.

조선일보 주필 귀하에게

서재필 | 미국 필라델피아 서재필 〈조선일보〉 1924. 11. 23~25. 3회 연재

주필 귀하여, 여(予, 나)는 조선일보가 우리민족의 원로인 이상재 노인과 김동성 등 제씨의 협동 조직한 새 기관으로 넘어갓단 말을 듯고 이 노소협동한 조직 그것이 조선일보가 장래 조선민중의 유력한 기관이 될 표징인줄로 아랏노라

나는 조선인 중에 한 도시에서 발행하는 두 일간신문을 지탱할 수가 잇슴을 밋고 물론 유익한 간행물이 더욱 발전할 여지가 잇는 줄로 아나 나의 생각에 조선인이 능히 두 대규모의 신문을 유지할 수가 잇는가 하는 의문이 이러난다. 결국은 엇던 신문이든지 민중의 신망을 엇자면 신문의 경영책이 기의를 득한 것과 민중에게 공헌하는 정도 여하로 판단될 줄로 안다.

나는 만일 조선일보가 그 사명을 다하면 민중의 호의와 신망을 밧고 또 민중이 조선일보를 옹호할 줄로 밋노라. 조선의 신문경영자이나 또는 신문기자의 지위가 용이한 일이 아닌 줄을 안다. 만일 우리의 사상을 자유로 발표하면 신문의 생명을 좌우하는 만능의 검열자의 도끼가 머리 우에 나려질 것이오 풍타죽랑타죽(風打竹浪打竹, 바람이 치고 물결이 친다는 뜻으로, 일정한 주의나 주장 없이 그저 대세에 따라 행동함을 이르는 말)의 신문지를 발행하면 민중의 취미와 동정을 환기치 못하야 신문존립의 대의를 일흘 것이니 격언에 이른바 한 사람이 두 주인을 섬기지 못한다 함은 이를 이름이라.

그러나 조선인에게는 반듯이 언론기관이 잇서야겟고 또 그 집필자는 반듯이 자기네들의 가치 잇는 사상을 표현하야 민중의사의 정당한 여론의 근거를 짓는데 도운이 잇서야 할것이라.

폐일언하고 모든 신문 본래의 사명은 상업상 이익만 잇는 것을 목적하고 존립하지 안은데 잇나니 만일 상업상 이익만 목적하는 신문이라면 민중은 그런 신문이 업서지기를 바라게 될 것이다.

조선의 신문은 모다 철쇄(鐵鎖)로 결박되엇다. 그러나 신문기자는 그 본래의 주의를 조금 상하는 정도에서라도 임기응변을 하야 여러가지 방법으로 독자에게 약간 유익이라도 주는 것이 필요하다. 신문이 존재하야 민중에게 약간유익이라도 주는 것이 아조 업서저서 민중을 도을 길이 전무하여지는 것보다는 나을 것이다.

내가 충고할 것은 검열자가 용서 업시 신문의 두상에 도기를 들어메이게 하지 말라. 그러나 나의 이 말은 조금이라도 신문의 주의를 희생하고 신문의 입론(立論)을 굽히라는 말은 아니다. 나는 이 말이 하기는 쉬워도 행하기는 어려운 줄 안다. 웨—그러냐하면 우리가 견딀 수 업는 굴욕을 바들 때에는 왕왕 자기의 생사를 불고하는 까닭에 그러하다는 말이다. 하여간 우리는 웬만한 경우에는 우리의 임기응변의 방법을 버리지 말아야겟다.

나의 생각에 조선일보가 조금이라도 하여야 할 것은 독자에게 생활의 진로를 지시함에 잇다 하노라. 신문지가 인민의 생활을 전담하는 것은 아니지마는 인민의 생활상태 개량에 대한 의견을 발표하는 것이 신문지의 사명인 줄로 밋노라.

내가 조선민중의 경제상태를 회상할 때에 여러가지 의견이 잇스나 나는 차(此) 문 중에 귀보에 발표할 몃가지를 적겟노라. 나는 누구든지 나의 의견을 바다 사실상으로 실행하리라고는 생각지 아니하나 귀보의 몃몃 독자에게는 정신의 양식가티 공헌이 잇슬 줄로 안다.

◇

첫재 조선인은 벼농사 이외 다른 잡곡농사를 하는 것이 긴요한 줄 알아야 겟다. 소맥(小麥, 밀), 옥촉슬(玉蜀黍, 옥수

수), 연맥(燕麥, 귀리), 대맥(大麥, 보리), '으라이(호밀)는 벼농사에 상당치 아니한 땅에 잘 된다. 이런 잡곡은 비교적 근소한 노력을 드리어도 경작할 수가 잇고 또 쌀보다 시장에 팔리기도 낫게 팔릴 줄 안다. 엇더튼지 그것을 수용하는 사람이 조선인민에는 업슬지라도 외국인으로 그런 잡곡을 수용하는 사람에게 팔수도 잇고 일보를 진하야 그 대가로 쌀을 사먹을 수도 잇다. 조선인에 몃 백만 '에이커'(acre, 1에이커는 1천 2백평)의 전지가 잇스니 그것으로 능히 가치 잇는 식량을 산출할 수가 잇다. 소맥은 현재 시가로 매 '부셀'(bushel, 2두 1합 1勺)에 대략 3원이요 한 '에이커'(1천 2백평)의 전지만 가지면 평균 대략 2십 오 '부셀'을 산출할 수 잇다. 나의 생각에 조선 농부가 화전을 파서라도 수 '에이커'의 전지의 소맥은 작농할 수 잇슬 것 갓다. 벼농사의 편전(片田)에만 매여달리지 말고 추수기를 임하야 다른 잡곡을 추수하면 벼만 농사짓는 것보다는 나흘 것이다.

미국의 시가를 거(據)하면 소맥 100 '부셀'의 시가는 3백원이라 한다. 조선에서는 그런 고가는 바들 수 업슬지나 언제든지 팔릴 수는 잇슬 것이며 그럴 뿐 아니라 미곡이 흉년드는 경우에는 다른 잡곡으로 기근을 면할 수 잇슬 것이다. 다른 잡곡은 즉 옥촉슬(玉蜀黍), '라이', 감자(마령서), 연맥 등과 다른 잡곡들이다.

조선에는 논이 적음으로 조선인은 경사지(산전)농사를 짓게 되며 또 내 생각에는 평야의 농사보다 그것이 나을 줄 안다.

둘재 조선의 기후와 풍토는 모든 과수와 초과(草果)를 재배하기에 적당하니 모든 농부가 약간의 과수를 재배하면 자가의 이익을 증진하고 가족부양의 도움이 될 것이다. 물론 과목과 묘목은 근소한 자본으로 어들 수 잇스며 임금(林檎, 능금), 이(梨, 배), 도(桃, 복숭아), 딸기, 그런 것들을 재배하면 식료품에 도움이 될 쑨 아니라 아모 곤란업시 시장에 팔 수 잇슬 것이다.

셋재 목축업도 조선인 생활향상에 필요하다. 조선우는 품종이 양호하니 구라파나 아미리가의 우유 잘 나는 우종과 교미를 식히면 조흔 우유와 우육을 어들 수 잇는 각종의

우가 보급될지요 그러면 조선의 유아들도 우유로 기르는 행운을 바들 터이니 얼마나 조흔 일이냐.

나는 목축업을 발전식히는 것이 조선농부의 경제상태를 개량식힐 쑨 아니라 수천명 아동을 어릴 때에 구원할 수 잇슬 줄로 밋는다. 소 뿐 아니라 목양(산양)을 하는 것도 상업상 이익이 잇는 유효한 방법이니 조선의 산악지에서는 다대한 곤란이 업시 발달식힐 수 잇슬 것이다. 또 가금(家禽)을 치는 것도 다른 나라 농부에게는 긴요한 산업중의 하나이다. 이런 산업은 몃몃 발전하려는 조선인에게 주의를 환기할 줄 안다.

엇던 나라든지 제조공업이 원만히 발달되지 아니하고는 참으로 부유하게 된 나라가 업다. 제조공업을 하자면 과학상 지식과 원료와 대자본이 필요한데 조선은 아즉 대규모에 이르지 못하엿다. 조선에는 과학전문가가 될 수만의 청년남녀가 잇스나 피등은 아즉 훈련되지 못하엿스며 조선에는 각종의 천혜가 풍부하나 그것을 아즉 이용치 못하엿다. 현재의 조선인 중에 개인이나 전체로나 필요한 자본을 모아 대규모의 제조공장을 경영하는 것이 업스니 다만 우리는 우에 말한 몃 가지 산업에 대하야 조선인이 경영하기를 제의할 뿐이다.

나는 귀보가 귀보 독자에게 항구여일하게 이 활용할 중요문제에 주의를 환기 식히고 향상의 길로 약진할 용기를 줄 줄로 확실히 밋는다. 귀사에서 차등 산업문제에 대하야 서적이 필요하다면 나는 성심으로 어더 보낼 터이니 번역하야 조선 전국에 배포하기 바라며 서적가는 실가대로 보내면 조흘 것이다.

편지가 길어젓스나 나는 더 주릴 수가 업섯다. 귀보의 장래 발달은 무궁하고 귀보의 은연중 노력이 영광의 면류관을 밧게 되리라.

귀보를 친애하는
1924. 10. 20 서 재 필

[편자 주] <조선일보> 사장에 이상재가 취임하여 '혁신 <조선일보>'의 기치를 내걸고 새로운 출발을 하던 때에 미국 필라델피아에서 보낸 글이다. 신문이 인민의 생활을 전담하는 것은 아니지만 생활상태 개량에 대한 의견을 발표하는 것도 하나의 사명이라고 말하고, 한국인의 생활향상을 위한 구체적인 방안을 제시하고 있다. 본문 가운데 '여(予)'는 '나'로 바꾸었다.

개인주의와 협동주의

서재필 | 조선민족에게 중요한 끽긴사(喫緊事) 〈동아일보〉 1924. 2. 26.

동아일보 기자 족하

여(余, 나)에게 귀지를 연호(連號) 부송(附送)하심을 감사하오며 귀지를 통하야 고국의 형편을 지실(知悉)하오며 실로 그 후의에 대하야 보답할 바를 알지 못하나이다.

귀지가 유익한 논설로나 보도의 범위로나 발전된 것을 희하(喜賀)하나이다. 대저 일 사회에서 일간신문보다 더한 선도 할수 잇고 악도 할수 잇는 기관이 업다하옵거니와 여는 귀지가 만흔 선을 성취하엿다고 생각하나이다. 진실로 귀지가 그러한 속박 밋헤서 노력하심을 생각할 때에 귀지는 경이할만한 사업을 성취한 것이로소이다. 여는 귀지일래 과긍(誇矜)의 감을 가지오며 귀지일래 조선인도 조선민족을 위하야 무엇을 할 수 잇고나 하는 용기를 엇나이다.

아시는 바와가치 여는 조선에서 처음 신문을 발행한 자어니와 1896년에 창간하야 이년간을 계속하다가 1898년에 내가 조선을 떠나매 폐간이 되고 말앗고 그로부터는 귀지가 창간되기까지에는 진정한 의미로 조선인의 신문이라 할만한 신문이 업섯나이다. 지금에 진정을 말하거니와 귀지도 그 동안에 조생조멸(條生條滅)한 타신문보다 얼마 더 계속하지 못하리라고 생각하얏사옵더니 귀지가 이러케 여전히 번창하고 장성하는 것을 보오니 희불자승(喜不自勝)하나이다. 원컨댄 귀지의 공헌만흔 수명이 영창하시고 귀지의 노역이 풍요한 실과를 결하소서 하나이다.

◇

귀지에서 영문란을 설(設)한 것은 나의 주목을 끌엇나이다. 조선의 사정을 외국에 알릴만한 무슨 기관이 필요하더니 이번에 창설한 귀지의 영문란이 일부분이나마 이 사명을 다할가 하나이다. 나도 당시의 나의 신문에 영문면을 발행한 일이 잇섯나이다. 금후로 각금 영문논설을 기하려 하오니 만일 쓸만하거든 쓰시옵소서.

모론 검열자에게 화를 당하지 안토록 주의하려 하나이다. 나는 조선민족을 위하야 무엇이나 하고저 하오나 현재의 형편으로야 귀지와 가튼 언론기관을 통하야 충고하는 말마디나 들일 것 밧게 무엇을 하오리잇가. 나는 조선문으로 써보랴고도 하얏스나 당하여본즉 나의 조선어 논문을 쓰기에 넘어 부족함을 깨달앗나이다. 생각컨댄 귀지 독자 중에 영문을 해하는 이는 극소수에 불과하려니와 이들 극소수에게 말슴하는 것도 아조 아니하는 것보다는 나으리라고 생각하나이다.

◇

내가 이번 편지에 말하려 하는 것은 조선민족에게 가장 중요하고 끽긴(喫緊)하다고 생각하는 것이온데 귀지 독자 중에 다만 멧분이라도 이것을 주의해 주시면 행이겟나이다. 그 제목은 「개인주의와 협동주의」로소이다.

우리는 용모로나 사상으로나 지력으로나 각각 개성을 가지어 각각 판이한 특색을 일상의 대인 접물에 발휘하는 것이로소이다. 각인이 각이한 것은 자연한 일이니 이러한 개성의 차이야 말로 세계의 진보와 전대문명보다는 비할 수도 업시 우승한 현대식 문명발달의 원인이 된 것이로소이다. 그러나 인류의 경험으로 보건댄 결과를 고려하지 아니하고 각자의 개성만을 강하게 주장한 결과는 흔히 불측의 화를 진(振)한 듯하여이다. 우리의 의견이 일에 도움이 되리라고 자신할 때에 그것을 발표함은 정당한 권리여니와 동시에 우리는 우리의 의견이 그릇된 줄을 발견할 때에 그것을 정정할만한 도덕적 용기를 가저야 할 것이로소이다. 넷날 전제군주시대에는 맹목적 복종이 행위의 준칙이 엇거니와 현대에서는 다수 인민은 다소의 차는 잇더라도 각자의 사상대로 행하는 경향이 잇슴으로 구식의 고압정책으로 다수의 개인을 통어(統御)하려 하면 오직 불화와 적의만 생할 것이오 결과 아모 소득이 업슬 것이로소이다.

◇

개인의 노력으로는 실패하던 사업도 단체적으로 하면 대개는 성공하는 것은 누구나 경험한 사실이라. 그럴진대 협동의 방법을 연구하는 것은 사려 잇는 조선인의 맛당히 할일이 아니오리잇가. 조선인의 금일의 말 못된 경우에 침륜(沈淪)한 것은 전혀 그들의 협동력의 부족에 재한 것을 자각하여야 할 것이로소이다. 나는 조선민족에게 만흔 미점이 잇는 것을 밋거니와 그러나 아모도 이 민족을 총동원하야 공동한 선을 위하야 한번 활용한 능력을 가진자는 업섯나니 그네의 구국가의 허약과 민족의 빈궁은 이 부자연한 상태에서 생한 자연한 결과로소이다.

협동은 오직 상호의 양보와 타협으로만 달할 수 잇고 유지할 수 잇는 것이니 만일 정과 의의 근본주의에 타협을 쓰는 자가 잇다하면 그것은 타기(唾棄)할만 하거니와 그 근본주의의 성취를 위하야 양보도 하고 타협도 할 것이로소이다. 자기의 주장을 포기하는 법은 더욱 학득(學得)키 어려운 일이어니와 실제적 사업에 종사하려는 이에게 이 법을 잘 배홈이 필요하다 하나이다. 그 뿐더러 우리는 아모도 오류 업는 이는 업다함을 기억해야 할 것이니 그럼으로 다수의 반대사상 중에서 결정된 사상이 대개는 안전할 것이로소이다.

◇

나는 협동을 득하는 방법이 되는 기개의 간이한 규칙을 부기하나이다.

(1) 사실적 증거를 득하기 전에는 남을 비난하거나 비평하지 말라. 풍설은 문명한 법정에서 증거가 되지 못한다.

(2) 너와 의견이 부동한 자에게 대하야 관대하라. 악의의 언(言)이 결코 논전에 승리를 엇지 못한다.

(3) 네 민족을 사랑하는 정을 강하게 하고 필요할 때어든 언제나 그네를 위하야 닐어나라. 그리하면 그네들도 너를 위하야 닐어나리라.

(4) 무슨 경쟁에나 네가 정당하게 할 일을 다한 뒤에 패배하더라도 불쾌하여 하지 말고 적의 승리를 축하하라.

(5) 종교는 도덕적 척추라 인격의 구성에 가장 필요한 것이니 이것이 업는 사람은 마치 키 업는 배와 갓다. 세간적 조건도 충실히 하라. 그러나 동시에 각자의 도덕적 정신적 발달을 소홀히 하지 말라.

◇

이만하면 이번 편지로는 족할가 하나이다. 하나님께서 귀지를 도으시기를 비옵고.

(1924, 1월 15일)

본문은 본 일부터 본보 영문란에 기재하는 영문기고를 번역한 것이올시다.(기자)

서 박사 기서

서재필 | 〈동아일보〉 1925. 1. 1.

◇ 동아일보 주필 족하

◇ 상점이나 사회에서 적더라도 일년에 한번은 재고품을 조사도 하며 장부를 감사도 하며 대차대조표를 꾸여서 일년간 활동의 결과여하를 알어보미 일반의 상투이외다. 그리하야 리를 남겻는지 손을 보앗는지 알게 되며 또 손을 보앗다 하면 그 원인을 알어서 업시하기를 꾀할 것이외다. 이러케 년종마다 따저봄은 상가뿐만 아니라 사인(私人)의 행사에도 적용하는 이가 적지 안습니다. 자기의 행한 일을 일정한 기한마다 점검해 봄이 대단 유익함은 그것이 우리의 성공과 실패의 적요를 우리에게 보여줌에 우리가 유익한 교훈을 엇게 되는 까닭이외다. 이 '재고품조사'는 도덕적, 지적, 체적(體的)을 물론하고 우리의 모든 해 노흔 것을 다 포함할 것이외다.

◇ 자존심으로나 가족이나 국가에 대한 신성한 의무의 개념으로나 우리나라의 장래가 과거보다 더 행복스럽고 창성하게하기 위하야 우리 사람들이 남녀를 뭇지 말고 각각 해가 박구임을 따라 자신수 양에 늘어감이 업서서는 아니 됩니다.

◇ 아마 조선 장래에 대하야 비관을 가진 이도 잇슬는지 모르나 본인으로 말하면 큰 희망을 품엇습니다. 우리 다음 대에는 조선은 열국 가운데 부러운 지위를 차지하게 될 줄로 생각합니다. 우리는 국토가 잇습니다. 알마진 기후가 잇습니다. 진보번영하는 국민될 소질을 가진 민족이 잇습니다. 다만 한 되는 일은 근대시설에 대한 교육과 경험의 결핍함으로 인하야 심지적(心智的) 훈련이 부족함이외다. 그러나 모든 중첩한 장애를 불구하고 조선 사람들이 제종의 경험을 배호고 함축함으로 새 운명을 개척하기에 적합한 자격을 이룰 줄 밋습니다.

◇ 얼마전에 나는 신문에서 철창 안에 가처잇는 영맹(獰猛)한 사자의 그림을 보앗습니다. 철창 틈에 사자의 발의 닿을 만한 곳에 큰 철퇴가 걸려 잇습디다. 만일 백수의 왕이 사자가 그 철퇴를 쓸 줄 안다면 가느다란 철창을 때려부시고 곳 나와 자유의 세계를 볼 수가 잇슬 터인데 그 좁은 철창 속에서 초민(焦悶)하게 걸어 다님은 그 철퇴를 쓸 줄 모르는 까닭이외다. 이 그림의 뜻은 아모나 할 줄만 알면 자기의 지위를 향상식힐 기회는 항상 잇다함을 보임니다.

과연 우리 주위에 잇는 방편과 기회를 이용할 줄만 알면 우리가 경제적, 사회적, 정치적 뇌옥을 탈출하기가 그리 어려운 일은 아닐 줄 압니다. 곳게 생각합시다. 멀니 봅시다. 더 정확하게 드릅시다. 더 예민한 감수성을 가지고 만저봅시다. 그리고 엇던 처지에서든지 정직하게 행동합시다. 이러한 품격의 수양만을 가지면 우리의 남자와 여자든 완전한 인권을 전 세계에 대하야 주장할 권리가 잇게 될 것이외다.

◇ 신년 백두에 귀지의 독자제군이 결심하실 멧가지를 여기 생각나는 대로 적어 놋습니다.

1. 날마다 유용한 지식을 조곰식이라도 배우십시오. 제군의 세사에 관한 지식이 연시(年始)보다 연종(年終)에는 크게 증진되리다.

2. 작년보다 새해에는 더 노력을 하리라는 결심을 하시오. 당신네 자신에나 가족에게는 다 유조하오리다.

3. 가족이나 이웃에게나 누구에게나 친절하게 구시오. 연말에는 당신의 친구가 만허지리다. 무엇보다도 친구가 귀중한 것이외다.

4. 자가의 불행에 대하야 남을 원망치 마십시다. 누구보다도 자기가 더 귀애 당할 것이외다.

5. 갑 업시 어들 생각을 맙시다. 무엇이든지 유용한 물건을 엇는 유일한 방법은 상당한 갑을 내든지 그러치 안흐면 상당한 노력을 내는 것이외다. 돈을 벌려면 일할 것이요 돈 버는 다른 법은 나는 모릅니다.

6. 실제가 되시오. 그리고 다른 일을 시작하기 전에 하든 일을 마치기로 결심합시다. 그러나 주위를 희생하면서라도 실제만 보지는 맙시다.

7. 타인으로 더불어 화목하고 친절히 지내기를 배우나 항상 상조상부로 인하야 사업의 성공키 능한 것을 명심하시오.

8. 여하한 사정하에서든지 낙망을 마시오. 정직과 불요(不撓)와 근로가 우리 민족이 행복과 번영을 가져 오겟습니다.

귀보(貴報) 속간을 하(賀)함

서재필 | 11월 12일 서재필. 〈조선일보〉 1925. 12. 14.

기자 족하

귀보 속간의 보도를 듯고 심히 환희하나이다. 정간된 이유를 분명히 듯지 못하엿스나 귀보의 논조가 집권자 측에 기휘(忌諱)가 되엿든 줄로 사유(思惟)하나이다.

언론과 출판의 자유를 향유한 나라에 주거하는 오등은 신문의 논조가 당국에 저촉이 된다 하드라도 검열과 정간까지 가게 되는 이유를 양해할 수 업나이다. 만일 어떤 신문에서 부도덕한 기사이나 허위의 보도를 발간하면 법률에 의하야 처벌은 할 것이나 정간까지는 아니 갈 것이라 하나이다. 하여간 조선에 법률이 그러타면 무가나하(無可奈何) 올시다.

현상으로 말하면 귀보에 청운(晴雲)이 비초이는 줄로 생각하나이다. 차등 처벌은 당연히 공중의 동정을 야기하야 필경에는 독자가 증가할 것이고 귀보의 논조는 일층 심각한 권위를 가할 것이외다.

대개 일간 신문은 독자에게 기일 기일에 국내국외의 신기사를 보도하는 것이나 논평란에는 일정한 대중의 긴요한 조목에 공헌을 기할 것이니 여의 사유로는 현하 조선 내에서 정치문제는 거론키 곤란하리라 하나이다. 그러나 타국의 교육, 경제, 종교, 상업, 농업, 제조, 해운, 철도, 전기, 교통, 미술, 음악, 운동, 은행, 문학, 웅변, 시, 철학, 역사등과 조선의 문화, 고고학과 구미의 고금풍속습관 등은 자유로 평론할 수 잇스리라 하나이다. 이런 과목은 일반의 지식계발에 가장 필요한 것이외다. 여는 조선의 일간신문에서 이런 특수란을 설치함을 보고자 하나이다. 지식은 능력이오 능력은 조선인의 필요한 것이라 하나이다.

이에 수행의 단편으로 귀보 속간을 축하하나이다.

미디어 진료연구실 간판.
나무판에 흰색 글씨가 쓰여 있다.

1918년 8월 5일에 발행된
서재필의 미국 보호연맹 신분증.

필라델피아에서 발행된
서재필 의사 등록증.

신년을 당하야 고국동포에게, 깃브라, 일하라, 배호라!

서재필 | 〈동아일보〉 1927. 1. 1~2. 2회 연재

1

이 글이 도착하야 인쇄될 때는 아마 새해 첫날일 듯합니다. 이 짧은 편지를 읽으시는 모든 동포께 복이 잇슬지어다.

엇던 사람들은 항용 그해 일년 동안 할 일을 해마다 첫날에 작정합니다. 여긔 작정할 것 하나이 잇스니 그것은 동포 여러분이 다 1927년에 실행하여야 할 것임니다. "더 희망을 갓자, 더 깃버하자, 더 유익한 일을 하고, 더 용기가 잇고, 더 하랴는 힘이 만차"하는 것이니 만일 여러분이 이러케 하시면 여러분의 친구와 이웃이 또 그와 가치하야 여러분을 두른 공기가 깃븜과 의 조흠으로 찰 것임니다.

내가 보기에 우리 민족은 넘어 비관적이오 넘어 저를 불상히 녀기는 것 가틈니다. 우리가 참으로 세계에 나서랴면 첫재로 이러한 생각을 곳치어야 할 것임니다. 세계는 비관하는 자를 멸시하고 대하기를 피합니다. 또 세계는 저를 불상히 여기는 자를 나추 봅니다. 그러나 세계는 얼굴에 우슴을 띠우고 생존을 위하야 싸호는 불행한 사람을 동정하고 또 흔히 도웁니다. 그 뿐더러 비관은 어두음을 나코 힘업슴을 나하 인생으로 하여곰 한 긴 고통이 되게 합니다. 그럼으로 만일 우리가 우리의 가족이나 친구를 조곰이라도 생각한다 하면 결코 침울한 낫빗과 슬픈 소리로 그들을 괴롭게 하고 슬프게 하지 아니할 것임니다.

모든 어두운 곳에 햇빗을 가지어 오고 동모의 맘 속에 희망의 불꽃을 주는 것이 우리의 의무임니다. 그리하랴면 우리 자신부터 깃븜과 희망을 가지어야 할 것이니 대개 슬픔과 절망이 전염성을 가진 것과 가치 깃븜과 희망을 가지어야할

것이니 대개 슬픔과 절망이 전염성을 가진 것과 같이 깃븜과 희망도 전염성을 가진 것이기 때문임니다. 만일 우리에게 설음이 잇거든 그것을 남에게 보이지 말고 저혼자 감초아 둡시다. 우리의 불행을 남에게 까지 주는 것은 올치 아니한 일임니다. 이러한 속담이 잇습니다. 네가 우스면 세계도 너와 가치 우스리라, 그러나 네 울겟거든 혼자 울어라.

우리 조선에는 사람으로는 실망 아니 할 수 업고 낙심 아니 할 수 업는 일이 무수히 잇슬 것을 나도 잘 압니다. 그러나 나는 우리 현상의 검은 구름에 은빗 나는 일면을 동시에 봄니다. 조선에는 우리에게 용기를 주는 사실도 만히 잇슴니다. 첫재로 우리에게 다행한 것은 우리 민족이 동일한 말과 전통과 이상을 가진 동일한 민족인 것임니다. 우리 민족이 아직 공동한 이익을 위하야 단결적으로 일할 줄을 모르는 것은 사실임니다. 그러나 나는 우리의 현상이 전혀 우리 끼리 합심협력 못하는데 잇섯다 함을 깨달을 날이 잇스리라고 밋습니다. 그리하야 공동한 이익과 행복을 위하야 협동할 장래가 불원(不遠)할 것을 밋습니다. 우리 민족이 협동을 배호는 것이 심히 지지(遲遲)한 듯하나 우리는 그들이 일즉 협동의 미와 필요를 가르침 밧지 못한 것을 기억하여야 합니다.

그들의 정치적 사회적 지도자들은 인민의 협동을 금하여 왓습니다. 그것은 민중이 큰 권력과 부력을 싸흘가 두려워함이 엇습니다. 약하고 빈(貧)한 동안 압박하기 쉬운 것임니다. 만일 민중이 그들의 공동한 이익과 행복을 위하야 그들의 일치력을 발휘하게 되면 전제자는 그 민중을 제치(制

馳)하기가 심히 곤란하게 됩니다. 그럼으로 모든 전제자들은 대중의 협동과 대중의 개화를 염기(厭忌)하는 것입니다. 그러나 우리는 지금 새시대에 잇습니다. 모든 전제는 전세계의 교양 잇는 민중을 더 누를 수가 업시 되엿습니다. 미구에 조선에서도 그들 자신의 구제를 위하야 조직과 지혜로온 계획으로 그들의 잠재력을 발휘할 날이 잇스리다. 문운(文運)의 행진은 불가항적이오 또 전세계적이니 조선도 거긔서 빠질 수 업슬 것임이다.

조선의 토지가 면적은 비록 적다 하더래도 산물이 풍부하야 현재의 생활정도로는 현재의 인구를 지지하기에 족합니다. 만일 경작에 과학적 방법을 사용한다면 현재보다 여러 배의 증수(增收)는 무려(無慮)할 것이니 그리되면 미래 얼마동안은 자연히 향상되는 생활정도와 증식되는 인구도 지지할 수 잇스리라고 밋습니다. 조선의 기후풍토는 세계에 가장 조흔 것 중에 하나요 또 지진이나 해일이나 무서운 폭풍의 재변도 업습니다. 또 조선에는 철, 석탄, 동, 세멘트 등 기본적 각종의 광산(鑛産)이 풍부하니 이러케 천혜 만흔 나라에 품생(稟生)한 것은 큰 행복이라 할 것입니다. 조선은 3면 환해(環海)로 도국(島國)인 듯도 하면서도 또 1면은 대륙에 접하야 양자의 편익을 겸수(兼受)합니다.

2

조선이 이러케 삼대 국민의 중간에 처하엿스니 만일 그 자녀들이 그들의 지리적 자연적 능력을 잘 사용만 하면 동양의 평화와 문화발전에 중대한 기여를 할 수 잇슬 것임이

다. 만일 조선의 자녀들이 하랴고 결심만 하면 이긔지 못할 곤란은 어듸 잇스며 벗지 못할 불행은 어듸 잇스리잇가. 가령 그들이 조선 내에서 빈궁을 절멸하기로 합심한다 하면 불출긔년(不出幾年)에 그리될 것이오. 만일 조선에서 문맹을 타파하기로 합심한다 하면 오래지 아니한 시간에 그리될 것이오. 만일 그들이 국내에서 모든 전염병을 박멸하기로 합심한다 하면 또한 일년내에 일우어질 것입니다. 만일 저마다 노역하고 산출한다 하면 빈궁은 어듸 노역하지 안는 다른 민족에게로 가고야 말 것이오. 만일 모든 초등교과서가 철자법과 구독법이 정연한 우리글로 편찬되고 십육세 이하의 아동에게 의무교육을 시행한다 하면 3년 내에 8세 이상의 아동은 다 제 나이에 알만한 쉬운 글을 독지작지(讀之作之)할 수가 잇슬 것입니다.

이러케 초등교육의 기초를 어드면 그 중에는 중등학교와 실과학교에 올라가 고등한 지식도 어들 수 잇슬 것이니 십년 이내에 적어도 조선민족 갱신에 각기 제 임무를 다 할 만한 기초를 가진 청년남녀가 사백만에는 달할 것입니다.

또 만일 대중이 위생의 일반적 법칙만 준수하더라도 조선은 세계에 유명한 요양지가 될 것입니다. 문명한 민족이 사는 곳에 전염병이 잇다 하면 그것은 용서하지 못할 일이니 첫재로 천연두와 장질부사와 디프테리아와 결핵과 매독을 멸종하시오. 그리하면 민족의 건강이 증진되여 사망율은 현저히 감소될 것입니다.

이러한 모든 개혁은 전 민족이 합심하야 하랴고 만들면 될 일이니 불위(不爲) 언정 비불능이니 만일 조선인 자신

이 자의로 그 일을 아니한다 하면 반다시 엇던 타인이 강제로 이 개혁을 식힐 것인즉 그 경우에는 대개 압제와 모욕과 유시호 핍박을 겸수하게 되는 것입니다. 그러나 우리 민족은 결코 남으로 하여곰 강제로 우리를 청결케 하고 위생적으로 하게하는 기회를 주지 아니할 것을 밋고 그들은 반드시 자의로 자진하야 청결과 위생을 할 것을 밋습니다. 우리 중에 더욱더욱 증가하는 신청년은 그들의 선인과 갓지 아니하야 엇더케 제 몸을 가질 것과 엇더케 최신식인 합리적 방법으로 만사를 처리할 줄을 압니다. 그들은 청결이나 위생에 대하야 강제는 말할 것도 업거니와 권장할 필요조차 업슬 것입니다.

우리 청년들이 아직 이러한 국가적 또는 공공적 사업에 착수하지 아니하는 이유는 첫재 그들이 그러할 기회를 가지지 못한 것과 둘재 그들이 교육, 경제, 위생, 기타의 국민적, 종족적 운동에 대하야 다수 동포가 아직 전심력으로 이를 지지할 자각과 결심이 업다고 생각하는 것입니다. 그러나 때는 날로 갓가워 옵니다. 그러한 운동이 전민족의 일치한 후원을 바들 때는 갓가워 옵니다.

훈련 바든 남녀가 전민족의 위임을 바다 민족적 갱신의 대사업에 나아갈 날은 위대한 날일 것입니다. 그러한 배경을 가지고 그들은 단시간 내에 빈궁과 질병과 무식을 조선에서 구축할 것이니 우리는 새 용기를 가지고 이날이 갓가움을 미듭시다. 우리의 장래와 또 우리 자손의 장래가 모든 과거보다 희망에 찬 것을 미듭시다. 이날을 기다리면서 우리는 혹은 손으로 혹은 머리로 힘써 일하자. 더 조흔 날이 우리 압헤 잇슬 것을 밋고 자신 잇는 미소로 모든 음울한 생각을 쪼차 버리자.

유쾌하게 지내는 최신의 방법은 남의 과실을 무시하고 자기의 불행에 관하야 남을 원우(怨尤)치 아니하는 것입니다. 엇잿스나 우리가 빈궁하고 무식한 것은 첫재로는 우리의 허물이오. 우리가 인류사회에서 수치로온 처지에 잇게 된 것도 우리 허물이오. 우리의 권리를 호지(護持)하지 못함도 우리의 허물이니 우리가 할 일은 우리의 모든 허물을 발견하야 독사를 던지드시 내어 던지고 다시는 그 허물을 저지르지 아니하는 것입니다. 비분강개라든가 불평이라든가 책임을 남에게 전가하는 따위 일은 우리에게는 다시 용처가 업스니 우리는 남아답게 독배를 마십시다. 그리고 다시 아모도 우리에게 이런 독배를 강제할 기회를 주지 맙시다.

일언이폐지 하면 신년의 표어는 "엇던 경우에나 깁버하라, 더 노역하야 더 산출하라, 눈과 귀를 항상 열어 아모러케 하여서라도 유용한 지식을 흡수하라."

누구나 이 간단한 표어를 준수하는 이는 금년 말에는 어느 점으로 보더라도 훨신 향상된 것을 스스로 발견하리라고 밋습니다.

미국 필라델피아(費府)에서

서재필 부부가 1939년 경에 미디아
자택(현 서재필기념관) 앞에서 애견을 데리고
찍은 사진. 명문가의 딸로 1871년에 태어난 뮤리엘
암스트롱은 한국에서 온 풍운아를 만나 많은
고생을 하다가 1939년에 세상을 떠났다. 둘째 딸
뮤리엘 제이슨이 "어머니는 한국에 대해 항상
아주 좋게 말하시곤 했어요. 한국에 대해 나쁜 말을
한 적이 없어요"라고 회고할 정도로 많은 이해심을
가지면서 남편을 도운 여성이었다.

서재필의 큰 딸 스테파니.
제2차 세계대전 중 긴급구조 차량부대
(Emergency Aid Motor Corps)
일원으로 활동하던 모습.

서재필이 의사로 근무했던 병원 건물로 추정된다. 그는 1927년 6월 이후 잠시 워싱턴의 어느 병원에서 근무하다가 필라델피아의 폴리크리닉(Polyclinic) 병원을 거쳐 암 치료 전문인 진스(Jeanes) 병원에서도 근무했다. 리딩(Reading) 시의 세인트 조셉(St. Joseph) 병원, 1933년과 그 이듬 해에는 웨스트버지니아주 찰스톤 종합병원, 1935년에는 펜실베이니아에 다시 돌아와서 체스터(Chester) 병원의 외래환자도 보며 동시에 피부과 과장으로 종사했다. 1936년에는 개업을 했다가 크로저 체터(Crozer Cherter)병원 병리과에서도 근무하였다. 1941년 제2차 세계대전이 일어나자, 자진해서 징병 의무관으로 4년간 근무하였다. 그의 공로를 치하하며 미국 국회는 1945년 1월에 그에게 훈장을 수여했다.

혈압계와 흰색 목면의 서재필 진료 가운.

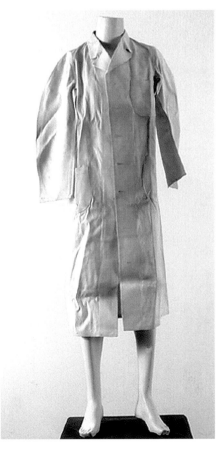

THE GEORGE WASHINGTON UNIVERSITY
GENERAL ALUMNI ASSOCIATION

This Certifies That
Phillip Jaisohn, M.D.
is a member in good standing
LIFE

Lester A. Smith
Executive Secretary

THE GENERAL ALUMNI SOCIETY
of the University of Pennsylvania
MEMBERSHIP CARD

Dr. Philip Jaisohn

HAS PAID DUES FOR PERIOD ENDING   OCT 1 1946

서재필이 석사학위를 받은 조지 워싱턴대학교
총동창회 평생 회원권.

COMMENCEMENT EXERCISES
MEDIA HIGH SCHOOL
CLASS OF 1934

MEDIA THEATRE
TUESDAY, JUNE 12, 1934
2.30 P. M.
RESERVED SEAT

SEATS WILL NOT BE RESERVED AFTER 2.30 P M.

No. 985

1930년대 벅스(Berks) 카운티의
풍토병에 관한 서재필의 보고서.

박사학위를 받은 펜실베이니아대 총동창회 회원 카드.
1946년, 1950년, 1951년에 각각 발행되었다.(사진 위)
1934학년도 미디어 고등학교 졸업식의 초대장을 겸한 지정 좌석표.(사진 아래)

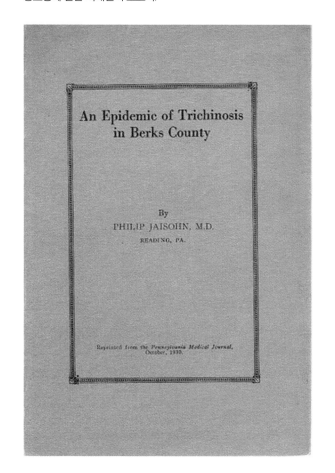

An Epidemic of Trichinosis
in Berks County

By
PHILIP JAISOHN, M.D.
READING, PA.

Reprinted from the Pennsylvania Medical Journal,
October, 1930.

제5장

혼란스런 해방 정국의
한복판에 서다

미군 사령관 하지의 최고
고문으로 조국 땅을 밟았으나
뜻을 제대로 펴지 못하고
미국으로 되돌아간 서재필.

1945~1950

1947. 7. 1(83세)	미군정 최고고문이자 과도정부 특별의정관 자격으로 둘째 딸 뮤리엘과 함께 귀국.
1948. 5~6	최능진·백인제 등 수 천 명이 연명으로 서재필 대통령 추대운동 전개.
9. 11	정부 수립 후 고국을 떠나 미국으로 돌아감.
1951. 1. 5(87세)	필라델피아 근교 노리스 타운의 몽고메리병원에서 생을 마침.

반세기 만에 다시 밟은 조국 땅

1945년 8월 15일 조국이 해방되었을 때 서재필의 나이 81세였다. 서재필은 1926년 한국에 보낸 글에서 "아마 다시는 내가 태어난 땅을 밟아 보지 못할 것 같다"고 했는데, 이제 다시 해방된 조국의 땅을 밟을 기회가 찾아온 것이다.

서재필이 한국으로 돌아오도록 맨 처음 제안한 사람은 김규식이었다. 당시 남조선민주의원 의장 대리였던 김규식(후에 남조선 과도입법의원 의장)이 1946년 9월 남조선민주의원의 결의를 통해 정식으로 남한 주재 미군사령관 하지에게 서재필의 초청문제를 제기했다. 하지는 김규식의 요청을 받아들였다. 이리하여 서재필은 1947년 7월 1일 미군사령관의 조선 문제 최고 고문, 남조선과도정부 특별의정관의 자격으로 둘째딸 뮤리엘, 비서 임창영(나중에 장면 정부의 대한민국 주 유엔대사)을 대동하고 귀국했다. 1898년 5월 한국을 떠난 지 거의 반세기 만이었다.

서재필의 공식직함은 '주한미군사령관의 조선 문제 최고 고문'(Chief Advisor on Korean Affairs to the Commanding General of the U.S. Army Forces in Korea)이었다. 서재필은 하지의 최고고문인 동시에 미 군정청(군정장관 러치 소장)의 특별의정관이었다. 특별의정관은 군정장관 밑에 조선인으로 구성된 남조선 과도정부의 특별의정관 역할을 수행하는 직책이었다.

일본이 물러간 후 좌우익의 분열과 대립, 특히 모스크바 외상회의에서 결정된 한반도 신탁통치안에 대한 찬반으로 좌우 대립이 격화되고 있었다. 게다가 이승만과 김구를 중심으로 하는 반탁운동과, 좌익의 미군정 반대 등으로 인해 해방 정국은 혼란을 거듭했다.

미군정은 미국과 소련이 서명 당사자로 포함된 국제협약인 모스크바 신탁통치안에 따라 조선 문제를 해결해야 하는데, 이승만과 김구의 지지를 받지 못해 큰 어려움을 겪고 있었다. 특히 이승만은 하지의 모스크바 신탁통치안 이행 정책에 대해 격렬히 반대했다. 이승만은 하지가 공산분자를 도울 뿐 아니라 그들의 도구 역할을 하고 있으며, 남한의 혼란은 오로지 하지에게 모든 책임이 있다고까지 주장하고 있었다.

이러한 상황에서 모스크바 국제합의를 이행하고 이승만을 견제할 필요가 있었던 하지는 여운형과 김규식을 중심으로 좌우합작을 추진했다. 하지는 김규식과 여운형이 모스크바 신탁통치안을 기본으로 하여 조선 문제 해결에 있어서 좌우합작을 통해 돌파구를 담당해줄 것을 기대했다.

바로 그러한 상황에서 김규식이 서재필 초청 문제를 제기했던 것이다. 하지는 서재필이 귀국하여 김규식을 돕고 이승만을 견제해 주는 역할을 함으로써 정국을 안정시킬 수 있기를 기

대했다. 그것은 김규식의 생각이기도 했다.

그러나 하지는 서재필이 초청받은 직분 이상으로 활동하는 것을 원치 않았고, 한국정치에 너무 깊숙이 관계하여 독자적인 세력을 형성하는 것 또한 경계했다. 하지는 서재필이 미국 귀화시민이기 때문에 설령 그가 어떤 정치적 야망을 갖는다 해도 미국시민권이 그것을 막아줄 것이고, 서재필이 자신의 정치적 야망을 갖기에는 너무 노령이라고 판단했다.

서재필 귀국 환영위원회
(대표 김규식)가 서재필에게
보낸 초청장(1947년 7월 10일).
서재필의 환영식이 7월 12일
오후 1시 30분 서울운동장에서
열리고, 창덕궁에서 다과회가
있을 예정이라는 것을
알리는 글이다.

Dr. Jaisohn Welcome Committee

July 10, 1947

In behalf of the Citizens and Government
Officials' Committee on welcoming Dr. Philip Jaisohn,
I have the honor to request your presence at a
welcome meeting to be held on 12 July 1947, at the
Seoul Stadium at 13:30.
A tea party will be held immediately
following the meeting at 16:00 at the Private Garden
in Changduk Palace.

Kiusic Kimm, Chairman
Dr. Jaisohn Welcome Committee

「해외 풍상 반세기만에 서재필 박사 환국」. 〈조선일보〉는 7월 2일자 1면 머리에
서재필의 귀국을 보도했다. '특파원' 박호림 기자가 인천서 보낸 기사다.

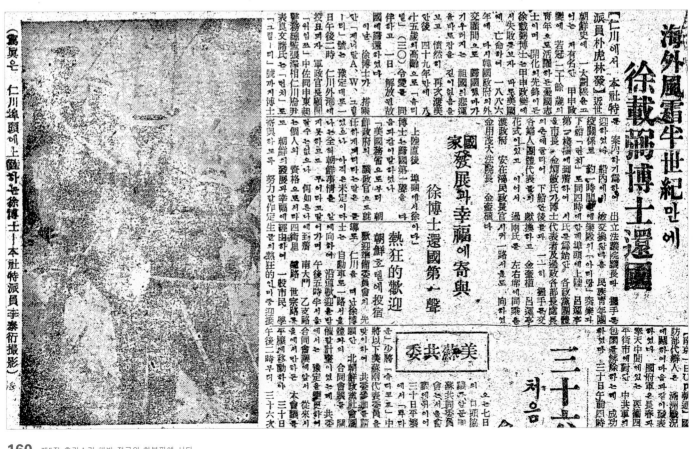

도착 직후 서울로 오는 자동차 안에서. 왼편부터 김규식, 서재필, 여운형.

미 군정 공보부의 서재필 귀국 발표 기사가 게재된 신문. 원래는 1947년 3월 15일 귀국 예정이었으나 3개월 반이 늦어서 귀국한 것이다. 〈조선일보〉 1947년 3월 8일.

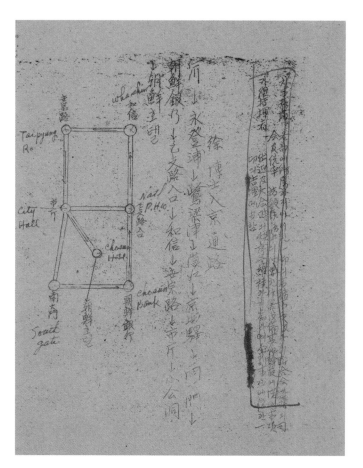

한국으로 돌아오는 길에 들른 샌프란시스코 호텔에서 둘째 딸 뮤리엘과 함께. 두 사람은 이곳에 배를 타고 한국으로 왔다.

서재필의 입경 경로. 인천에서 영등포를 거쳐 서울 조선호텔까지의 이동 경로를 표시한 그림.

하지 중장의 위촉을 받아 필라델피아의 미디어로 서재필을 찾아간
웜스(Clarence N. Weems) 소령에게 자신이 발행했던 〈독립신문〉을 보여주는
모습. 선교사의 아들로 한국어에 능통했던 웜스는 한국주둔 미군정 고문관이었다.

주한미군 사령관 하지 중장이 1947년 3월 업무연락을 위해 잠시 워싱턴에
들렀을 때 서재필을 만나 의견을 나누었다.

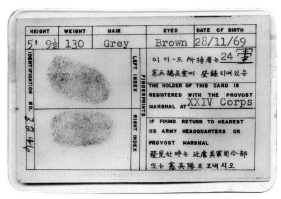

서재필의 미 군정청 신분증.
1947년 7월 30일 발행으로
사진과 함께 신체특징,
생년월일이 기록되어 있다.

서재필을 찾아가 활짝 웃는 하지 중장.

미 육군성(War Department)이
서재필의 건강상의 이유로
한국에서의 특별고문관 임명을
취소한다는 내용이 적힌 문서.
당초 3월 15일 경 귀국 예정이었으나
늦어진 이유는 건강 문제였던 것
같다. 1947년 3월 28일.

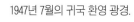

1947년 7월의 귀국 환영 광경.

서재필의 환영대회에는 정계 거물이 망라되었다. 위원장은 이시영, 오세창으로
추진하였으나 이승만, 김구, 여운형, 허헌을 명예위원장으로 추대하였다.

조선호텔의 당시 전경. 서재필이 이 호텔 203호에
묵었던 인연을 기억하기 위해 조선호텔에는
1990년대까지 1층 '나인스 게이트'에 '서재필 룸'이라는
이름을 붙인 방이 있었으나 현재는 없어졌다.
서재필이 머물던 당시의 조선호텔 정문. (왼쪽 사진)

뮤리엘의 일등석 철도 정기
승차권의 앞면(위)과 뒷면.
뮤리엘은 남조선 과도정부
최고 의정관 비서로 되어 있다.
1947년 9월 1일~11월 30일 사이에
사용할 수 있었다.

딸 뮤리엘과 함께.

뮤리엘 제이슨(Muriel Jaisohn)의 신분증.
워싱턴의 국방성 군무국장실 소속 직원임을
증명한다. 사진과 함께 신체적 특징과 생년월일이
기록되어 있다. 1947년 6월 발행.

'주권재민'의 민주국가 수립 갈망

그렇다면 당사자인 서재필은 어떤 생각을 갖고 귀국했던가? 하지는 1947년 3월 업무연락 차 워싱턴으로 가면서 서재필을 만났다. 그때 서재필은 자신이 이미 노년으로 아무 야심도 없고, 어떤 지위도 원치 않으며, 명예도 바라지 않는다고 말했다. 그는 유일한 관심이 국민교육에 있음을 밝혔다. 동시에 자신의 귀국이 조선인을 자유와 독립과 번영으로 인도하는데 도움이 되기 바란다는 뜻을 피력했다.

서재필은 귀국하여 서울 중앙방송국에서 매주 금요일 저녁 7시 「민족의 시간」 프로그램을 통해 손금성의 통역으로 자신의 생각을 강연했다. 서재필은 손금성에게 조선에서 자신의 가장 중요한 사업은 "한국의 독립을 영구히 보존케 하고 정부와 민중이 민주주의화 하게 만드는 것"이라고 말했다. 또한 민중을 민주주의에로 지도함에는 계몽 운동이 절대로 필요하다고 강조했다. 서재필이 해방 후 귀국하여 가장 중점을 둔 주장이 있다면, 그것은 바로 민주주의에 관한 것이었다.

그렇지만 서재필은 미군정 하에서 실제 자신의 역할이 매우 제한되어 있다는 것을 또한 잘 알고 있었다. 그것은 자신이 맡은 직위가 독립적인 권한이 있는 것이 아니라 하지 장군에게 그때그때 필요한 사안에 대해 조언(advise)하는 고문에 불과하며, 또 자신이 미국시민인데다 나이가 83세의 고령이라는 것을 잘 인식하고 있었다. 그는 노령으로 인하여 서울에서 보행 중에 넘어지기도 했다.

해방정국에서 서재필은 방송연설 뿐만 아니라 각종 모임이나 행사 참석을 통한 강연 활동을 이용하여 자신의 주의(主義) 주장을 폈다. 서재필이 해방정국에서 펼친 주장과 활동을 크게 여섯 가지 분야로 나누어 정리해볼 수 있다.

첫째, 서재필이 당시 개혁을 주장한 것은 예상된 일이었다. 해방정국에서의 그의 주장들은 기본적으로 위에서 여러 분야들에서의 개혁을 요구하는 것들이었다. 둘째, 서재필은 하루라도 빨리 미군정의 통치가 끝나고 우리민족이 자유, 자주 및 자결의 바탕 위에서 독립국가를 수립해야한다고 생각했다. 그 같은 신념으로 미군사령관의 최고고문 및 군정청의 특별의정관이라는 자신의 위치에서 우리민족의 독립국 수립을 힘껏 도왔다. 셋째, 해방정국에서 서재필이 가장 강조했던 주장과 활동은 무엇보다도 우리민족이 '주권재민' 원칙을 중시하는 바탕 위에서 민주주의 국가를 수립하여야 한다는 점이었다. 넷째, 서재필은 민생문제의 해결과 자립경제 건설에 항상 깊은 관심을 쏟았다.

다섯째, 남북한이 서로 분단을 극복하고 통일정부를 수립해야 한다는 서재필의 신념은 투철했다. 서재필은 미군정은 우리의 정부가 아니므로 선거를 통해서 우선 우리 정부를 세워야

광복 2주년 기념식에 참석하여 연설하는 서재필. 뒤쪽에는 군정청 경무부장 조병옥이 앉아 있다. 1947년 8월 15일.

하지만, 이런 모든 것은 "통일된 정부를 전제로 한다"는 자신의 지론을 명확히 했다. 여섯째, 서재필이 가졌던 외국과의 관계에서의 기본적인 자세와 입장은 외국이 우리에게 도움을 줄 수는 있지만 결국 우리의 운명을 결정짓는 것은 우리 자신이고, 우리 손에 우리의 운명이 달려 있다는 것이었다. 그리고 현실적으로 미국이 조선을 독립국가로 만들기 위해 많은 원조를 하고 있으니 감사해야 하고, 또 협조하여야 한다는 것이었다.

미 군정청의 서재필. 태극기 아래에서 열린 행사장 광경이다.

미 군정청 회의실의 서재필. 중앙에 안재홍(민정장관)과 헬믹 대령(군정장관 대리)이 앉아 있고, 그 곁에 서재필이 서 있다.

군정청 행사에 참석한 서재필.

해방공간의 미 군정청 요인들.
왼쪽부터 안재홍(민정장관),
하지(주한 미군사령관),
브리프(주한 미 대사),
김형민(서울시장), 서재필.

이승만 부처(사진 양쪽 끝)와 함께한 서재필.

미 군정청의 한국인 관리들과 기념촬영. 중앙에 서재필과 딸 뮤리엘이 앉아 있다.

김규식과 서재필. 김규식은
두루마기 차림이다.

조선호텔 내부에서 찍은 사진으로
보인다.

운동장 스탠드에서의 서재필. 왼쪽은 군정청 정치고문 윔스. 오른쪽에는 딸이 앉아 있다.

서재필은 조선체육회
(현 대한체육회) 고문으로
추대되어 체육발전에도
관심을 기울였다.
체육대회 시상식.

야구장에서 양복차림으로 시구하는 모습.
왼쪽 야구공은 서재필의 유품이다.

적십자사 총재석에서 연설하는
서재필. 광복 후 조선적십자사
초대 총재는 김규식이었고,
서재필은 2대 총재로 선출되어
6개월 동안 재임했다.

조선적십자사(Korean Red Cross)가 서재필을
총재로 추대했음을 알리는 편지. 1948년 6월 9일
중앙위원회(The Central Committee)의 회의 결과이다.

서재필이 하지 중장에게 보낸 편지. 미국 시민인 자신이
조선적십자사 총재를 받아들여도 법적 하자가 없는 지를
문의하는 내용과 함께, 이 자리는 명예직이므로 아무런
급여가 없다고 말했다. 1948년 6월 11일.

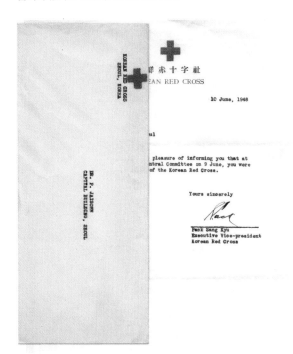

서재필의 세브란스 의과대학(현재의 연세대학교 의과대학) 방문 기념사진. 1947년 10월 23일.

徐載弼博士來校紀念
一九四七年·十月·二十三日

1947년도 추곡 수집 표창식 기념사진.

西紀 一九四七年度 秋穀收集表彰式記念

찾아온 사람들과 기념촬영. 앞줄 왼쪽에서 두 번째는 소설가 춘원 이광수로 짐작된다.

어떤 행사장에서의 서재필.

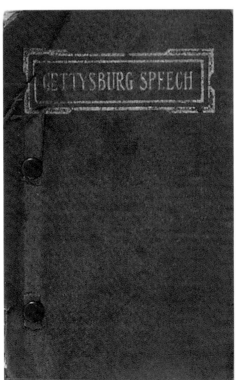

서재필의 유품 중 미국
제16대 대통령 링컨(1808~1865)의
『게티스버그 연설(Gettysburg Speech)』.
게티스버그 연설(1863년 11월 19일)에서
링컨은 미국정치의 전통적 정신이 된
'국민을 위한, 국민에 의한, 국민의 정치'를
주장했다. 서재필은 링컨의 민주주의 사상의
영향을 받은 것으로 보인다.

귀국 환영 행사장의 서재필. 왼쪽 끝에 김규식이 앉아 있다. 1947년 7월 12일.

서재필이 쓰던 중절모.

서울 혜화초등학교를 방문하여 어린 학생들과 기념촬영을 했다.

혜화초등학교 개교 기념식에서
연설하는 서재필.

창덕궁 왕실 직원들이 주최하였던 환영회에 참석한 서재필과 뮤리엘.

서재필 귀국 환영 행사가 열린 후의 다과회. 김규식이 초청장을 보냈고, 1947년 7월 12일 창덕궁에서 열렸다.

서울중앙방송 연설을 기념하여 포즈를 취했다. 1948년 7월 21일.

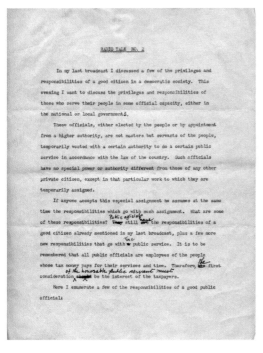

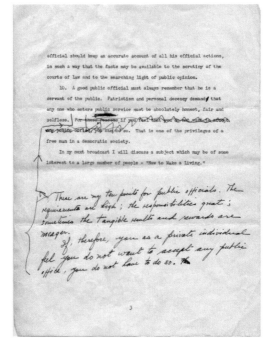

손금성의 동시통역으로
진행되었던 「국민의 소리」
방송 원고다. 공직자는
납세자의 월급을 받는
공복이므로 납세자의 이익을
최우선으로 해야 한다.
공직자가 갖추어야 할 태도와
올바른 공무 수행을 위해
보장되어야 할 사항들을
10가지로 정리하였다.

귀국환영 행사장의 서재필. 1947년 7월 12일.

방송연설을 하는 모습. 1948년 7월 21일.

각계 인사 1천929명의 '대통령 추대 운동'

1948년 5·10선거가 끝나고 제헌국회가 소집되어 새 헌법을 기초하고 정계개편의 움직임이 시작될 때, 독립협회를 재생하고 확대하여 새로운 정치운동을 시작하려는 운동이 일어났다. 5·10선거에 김구와 김규식이 불참함에 따라 앞으로 한국정치에서 이승만의 득세와 승리가 확실해지자 이승만을 반대하는 사람들이 서재필을 대통령으로 추대하려는 움직임을 보였다.

최능진, 백인제, 정인과, 안동원, 노진설, 이용설, 김명준, 여행렬, 정일형, 윤석진, 주요한, 신흥우, 신긍우, 이광수, 허정숙, 이태영 등 '서재필 대통령 추대운동'에 나선 30여 명은 가장 파당적이 아닌 좌우 양 사상의 중간적인 인물들이었다. 또 장차 1997년에 제15대 대통령으로 선출되는 김대중(당시 '민주독립당 金大仲'으로 서명)을 비롯한 각계인사 1천929명도 서명하여 서재필의 대통령 출마를 요청했다.

대통령 추대운동이 확산되어 6월 22일, 추대 연합준비위원회가 조직되고 임시 상임부서가 선임되는 등 이제 곧 정식으로 결성식을 결행할 움직임을 보였다. 이에 대해 이승만계의 독립촉성국민회는 6월 25일 우익진영 20여 개 정당·사회단체 선전부장회의를 소집하여 서재필 추대운동에 대한 반대운동을 결의했다. 7월 3일, 독립촉성국민회 선전부는 서재필에 대한 신랄한 공격과 비난을 각 신문에 게재했다.

이러한 사태 발전은 서재필로 하여금 정치에 관여하여 파쟁에 말려들고 싶지 않다는 생각을 갖게 하였다. 서재필은 7월 4일, "대통령에 입후보할 의사가 없다"는 입장을 성명을 통해 밝혔다. 이 성명에서 그는 조선 각지로부터 대통령 입후보와 지지에 대한 허다한 서신을 받았지만, "과거에 있어 그 관직에 입후보한 일이 없으며 지금도, 그리고 장래에도 그리하지 않을 것"이라고 말했다. 그는 "설혹 나에게 그 지위가 제공된다 하더라도 나는 그것을 수락하지 않을 터"이며, 자신은 미국시민으로서 머무를 생각임을 천명하였다.

이제 서재필은 자신이 또 하나의 새로운 당파의 중심이 되어 분열을 더할 위험성이 있으므로 조국을 떠나는 것이 조국을 위한 최선의 길이라고 결심했다. 그는 7월 10일 하지 사령관에게 최고고문직 사임 의사를 전달했다. 결국 서재필 대통령 추대운동을 일으킨 사람들의 의도와는 정반대로, 이 운동은 결국 서재필로 하여금 조국에서 여생을 보내지 못하도록 하는데 일조했다. 그에게 또 한 번의 망명의 길을 떠나게 한 셈이었다.

서재필의 대통령 출마를 요청하는 서명자 명부.
1천929명이 도장을 찍고 기명했다.

서재필의 대통령 출마를
호소하는 서명자 명단.

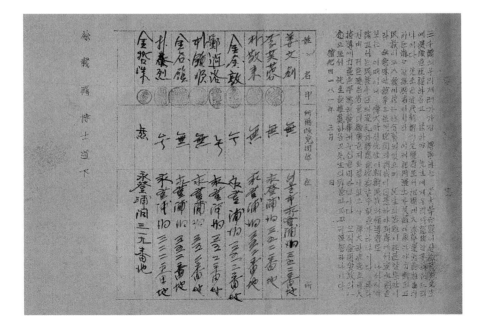

1948년 5월 10일에 실시된
국회의원 선거의 유세장면.

대한민국 정부 수립 기념식장. 1948년 8월 15일(사진 아래).

서울에서 여러 활동을 펴는 모습을 담은 스냅.

독립문 건립 50주년 기념식에 맞춰 독립문을 다시 찾았다. 1947년 11월 16일.

독립문 건립 50주년 기념식 기사.
〈동아일보〉 1947년 11월 18일.

독립문 앞에서의 기념식수 광경.

HEADQUARTERS
UNITED STATES ARMY FORCES IN KOREA
APO 235

25 October 1947

MEMORANDUM

SUBJECT: Preparation for Elections

TO: Dr. Philip Jaisohn
        Dean Charles Pergler
        Brigadier-General John Weckerling

1.   You are hereby designated as a committee to confer with Acting Military Governor Brigadier General Charles G. Helmick and a similar committee of Koreans appointed by him for the purpose of making preliminary preparations for the holding of an election in South Korea either under Public Act No. 5, dated 3 September 1947, entitled "Law for the Election of Members of the Korean Interim Legislative Assembly" or some other law or order which may become mandatory as a result of the Resolution which the United States Government has proposed in the General Assembly of the United Nations.

2.   In carrying out this instruction, you will use as the basis of your work the general plan, dated October 17, 1947, for the supervision of an election in South Korea as prepared by the special group functioning under Major General Albert E. Brown.

3.   It is my desire that, in your conferences with the Korean committee appointed by General Helmick, you endeavor to persuade that group that the supervisory measures and procedures laid down in the aforementioned memorandum are so necessary to guarantee a fair and impartial election in South Korea that they will adopt most of these measures and procedures as their own and thus avoid the necessity for me as the Commanding General to prescribe them under my own order and authority.

4.   It is also my desire that you and General Helmick make it clear to the Korean Committee that your work and their work are purely preliminary in anticipation of the holding of an election in South Korea and that this instruction is not a date-setting order upon which the holding of an election is to be based. In other words, you are merely to carry on preliminary studies and work out drafts of the future election procedure and control measures so that when the date is announced everything can move along with greater rapidity toward the eventual holding of the election.

5.   It is also my desire that for the present at least no publicity be given your activities in connection with this directive.

                                    JOHN R. HODGE
                                    Lieutenant General, U. S. Army
                                    Commanding

cc: General Brown
    General Helmick

하지가 서재필을 선거자문위원으로 임명했다는 공문. 1947년 10월 25일.

「대통령 입후보 않는다」는 성명서 발표를
기사화한 〈조선일보〉 1948년 7월 6일자.

大統領立候補않는다
徐載弼博士聲明書를發表

政界의 最高領導
者로 徐
載弼博士
를 推戴
하자는
運動이
漸次具體
化하고있어
注目되고있던
바 同博士는
『大統領에立
候補할意思가없다』고 四
日附로 다음과같은 聲明
을 發表하였다 (寫眞은 徐博
士)

나는 朝鮮各地로부터 나
에게 一朝鮮大統領立候補
들을 要請하는 同時에 내
가 出馬하는 境遇 나를
支持하겠다는 許多한書
類를

七月四日
徐 載 弼

서울중앙방송국 직원들이 미국으로 돌아가는 서재필 송별회를 열었다. 1948년 8월 27일.

"조국이 원한다면 돌아가지 않을 수도 있다."

그런데 서재필 자신도 대통령 추대운동에 마음이 흔들렸던 때가 있었던 것으로 보인다. 이제 미국으로 떠나면 다시는 조국에 돌아오지 못할 터였다. 조국과 민족의 개화, 독립, 민주를 위해 일생을 바친 노(老)혁명가의 마음 한 구석에 한국에 남아 신생 독립국가의 수립과 발전에 좀 더 공헌해보고 싶은 마음도 전혀 없지 않았던 것이다. 그러나 자신이 대통령이 되겠다는 것을 기대하고 그렇게 한 것은 아니었다.

미국으로 다시 돌아갈 날을 얼마 앞둔 1948년 8월 28일, 조선호텔을 찾아온 기자와의 인터뷰에서 "귀미(歸美) 만류를 청하면 중지할 의사는 없는가?"라는 질문에 대해 서재필은 "나를 낳고 내가 가장 사랑하는 조국과 민족을 내 어찌 떠나고 싶겠는가. 그러나 나는 군정 최고의 정관으로서 나의 직책이 완료되었으니 귀미하는 것이다. 하지만 국민이 나의 귀미 중지를 원한다면 나는 국민의 의사를 배반하는 것을 원치 않는다"라고 대답했다. 서재필은 당시 조선호텔로 찾아간 서희원에게도 똑같은 이야기를 했다. 서재필의 발언이 기자의 인터뷰를 통해 보도되자 1948년 9월 2일, 대한민국 국회는 「애국지사 서재필 박사의 한국거주 권고에 관한 건」을 긴급동의로 제출했다.

권태욱 의원은 긴급동의안을 제출하는 발언에서 "서재필 박사가 갑신정변에서 사대사상과 쇄국사상을 배격하여 독립사상을 고취하고, 또 문화개방을 위해서 많은 노력을 하였다는 것을 역사가 인정하는 바이다. 더구나 서재필 박사 자신이 국민 여러분이 있기를 원한다고 하면 있겠다고 하였으니, 다시 미국에 가시지 말고 여기에 계셔 주십사 하는 것을 국회의 의사로서 한 번 권청하는 것이 마땅하지 않을까 생각한다"는 긴급동의의 취지를 밝혔다.

서재필의 국적이 미국이고, 국회가 그의 한국거주 권고를 결의할 필요가 없다는 의견도 있었고, 만장일치를 주장하는 의견도 있었다. 그렇지만 표결 결과 참석의원 153명 중에서 찬성 95명(62%), 반대 3명(2%), 기권 55명(36%)으로 결의안이 통과되었다.

서재필이 귀국하기로 결정했을 때 기자가 '마지막으로 조선인민에게 부탁하고 싶은 말'이 무엇인지를 물었다. 이에 서재필은 "우리 역사상 처음 얻은 인민의 권리를 남에게 약탈당하지 말라. 정부에 맹종만 하지 말고 정부는 인민이 주인이라는 것이요, 인민의 종복이라는 것을 망각하여서는 안 된다. 그러므로 이 권리를 외국인이나 타인이 빼앗으려 하거든 생명을 바쳐 싸워라. 이것만이 나의 평생소원이다"라고 대답했다. 그리고 1948년 9월 11일 미국으로 떠나는 날, 서재필은 또 다른 기자에게 '동포에게 부탁할 말'로서 "조속히 통일국가를 수립하여 잘 살기 바란다"고 했다. 서재필은 바로 민주주의, 독립, 통일을 위해 여생을 바치고 싶었던 것이다.

미국에서의 서재필.

서재필의 오른쪽 인물은 '량주은'으로 적혀 있다. 양주은은 개성 출신으로
1903년에 이민선을 타고 하와이로 갔던 사람이다.

서재필 전별 모임.

도미를 만류하는 편지.

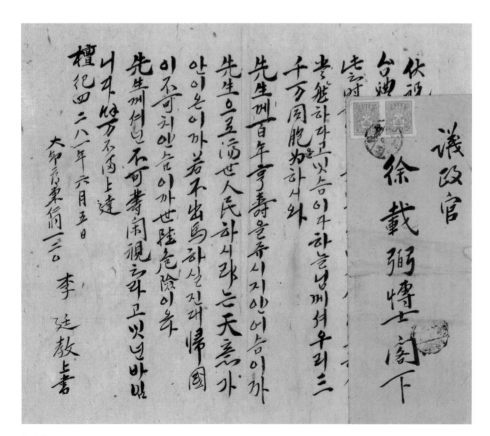

정부는 인민의 종복.
국민이 원하면 미국
가지 않을 수도 있다.
〈조선일보〉 1948년 8월 29일.

서재필의 미국 의학협회 회원 등록증.
1948년, 1949년, 1950년에 각각 발행되었다.

미국으로 돌아가는 배 위에서.
곁에 있는 안경 낀 사람은 통역을
맡았던 손금성.

선상에서 찍은 사진(위)과,
아래는 하와이에 들렀던
때로 짐작된다.

영원히 우리 곁을 떠나다

서재필의 한국에서의 마지막 몇 주일은 그에게 고통스러운 시기였다. 새로 맞춘 틀니(義齒)가 잘 맞지 않아서 고통스러운 데다가, 최후의 순간에 미국으로 떠나는 것을 재고해 달라, 심지어 서재필이 자신들을 버리고 돌아간다면 자살하겠다는 협박성 호소까지 수많은 청원이 들이닥쳐 서재필은 커다란 심적 부담을 겪었다.

정신없이 바쁜 마지막 주 어느 날 이승만이 이기붕을 통해 만찬 초대를 했으나, 서재필은 사전약속 때문에 감사하다는 뜻만 전하고 거절했다. 김구로부터는 '비밀회동' 요청을 받았다. 그는 서재필이 떠나는 날인 1948년 9월 11일 아침 6시 30분에 조선호텔로 서재필을 찾아왔고, 두 사람은 약 30분간 단독으로 만났다. 그리고 서재필은 한국을 영원히 떠났다.

조선호텔 문을 나섰을 때 송별객들이 운집해 있었고 그들은 눈물이 앞을 가려 말도 제대로 못한 채로 인사를 드렸다. 자동차 행렬이 인천을 향하는 동안 서재필은 말이 별로 없었다고 한다. 인천 항구에도 수백 명의 환송객들이 모여 있었고, 그들 역시 슬픈 마음을 감추지 못하고 눈시울을 적셨다. 이 때 김규식이 앞에 나서서 소리를 높여 "지금은 울 때가 아니다. 서재필 박사는 우리의 마음에서 영원히 떠나지 않으실 분이다. 그러니 모두들 기쁜 얼굴로 보내드리자"고 하면서 '서재필 박사 만세!'를 선도했다. 우렁찬 만세 소리를 들은 서재필은 순간 감정을 억제 못하는 듯 하더니, 몸의 자세를 다시 바로 잡고 딸 뮤리엘의 팔을 끼고 뒤도 돌아보지 않고 배 위로 올랐다.

정부수립 후 서재필이 미국으로 떠나는 것을 안타깝게 여긴 대표적인 지도자가 김규식과 김구였다. 안재홍도 서재필의 도미에 반대했다. 서재필의 비서 임창영의 회고에 의하면, 서재필은 미국으로 가는 선상에서 계속 몸이 좋지 않았다. 온몸이 아프고, 식욕을 잃었으며, 밤에는 잠을 자지 못했다. 몸이 잘 낫지 않자 서재필은 자신이 죽을병에 걸린 것으로 의심하는 듯이 보였다고 한다. 서재필의 제3차 망명의 길은 조국의 자주독립 통일국가 건설의 미완성, 한국정치의 장래에 대한 불안과 우려, 그리고 다시는 조국에 돌아오지 못할 것 같다는 상념으로 쓸쓸했다.

그는 1951년 1월 5일 필라델피아 근교 노리스타운 몽고메리병원에서 파란 많은 일생을 마쳤다. 6·25전쟁이 한창 치열해서 서울이 두 번째로 공산군에게 함락되던 바로 그때였다. 유해는 필라델피아 웨스트 로렐 묘지 납골당에 43년 동안 잠들어 있었는데, 1994년 4월 고국으로 봉환되어 8일에 국립묘지 애국지사 묘역에 안장되었다. 앞서 정부는 1977년 12월 건국훈장 대한민국장을 추서하였다.

하와이에 기착한 서재필.

REPUBLIC OF KOREA

OFFICE OF THE PRESIDENT

Seoul
October 4, 1949

Dear Dr. Jaisohn:

Your good letter was duly received and I want
to thank you for it.

I am very glad to know that you and Muriel are
in good health and have settled down in your home
again.

We are eagerly following the UN discussions
and only hope that in all justice Korea will be
admitted to the UN as a full member. That is what
we are working for and believe we will get.

Next Spring when the weather is warm we hope
to ask you and Muriel to come and visit us.

Very sincerely,

Syngman Rhee

Dr. Philip Jaisohn
330 W. State Street
Media, Pennsylvania

이승만(대한민국 초대 대통령)의 편지.

KOREAN CONSULATE GENERAL
BROADWAY ARCADE BUILDING
LOS ANGELES 13, CALIFORNIA

April 3, 1950

Dr. Philip Jaisohn
330 West State Street
Media, Pennsylvania

Dear Dr. Jaisohn:

Your kind letter reached me after my arrival in
Los Angeles, as I had already had departed from
Washington on my way to New York. It is with deep
regret that I was called away from New York so suddenly,
making our visit impossible.

Your invitation to visit all the interesting
landmarks of early America meant a great deal to me,
and I sincerely hope that I may have the privilege
of seeing them in the not too distant future.

I feel that my trip was all too brief, knowing
that I missed seeing one of Korea's truest friends
and patriots.

Please accept my best wishes and great success.

Sincerely yours,

P. H. Shinicky

P. H. Shinicky
Chairman,
Korean National Assembly

신익희(국회의장)의 편지.

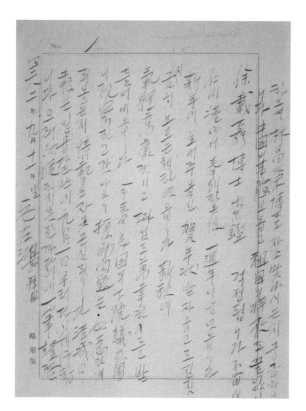

안재홍(민정장관)의 편지.

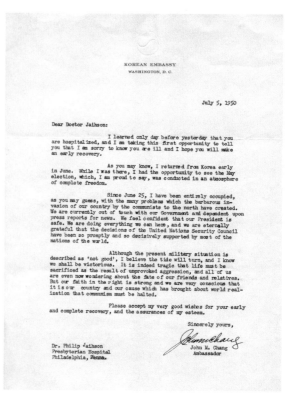

KOREAN EMBASSY
WASHINGTON, D. C.

July 5, 1950

Dear Doctor Jaihson:

I learned only day before yesterday that you
are hospitalised, and I am taking this first opportunity to tell
you that I am sorry to know you are ill and I hope you will make
an early recovery.

As you may know, I returned from Korea early
in June. While I was there, I had the opportunity to see the May
election, which, I am proud to say, was conducted in an atmosphere
of complete freedom.

Since June 25, I have been entirely occupied,
as you may guess, with the many problems which the barbarous in-
vasion of our country by the communists to the north have created.
We are currently out of touch with our Government and dependent upon
press reports for news. We feel confident that our President is
safe. We are doing everything we can here, and we are eternally
grateful that the decisions of the United Nations Security Council
have been so promptly and so decisively supported by most of the
nations of the world.

Although the present military situation is
described as 'not good', I believe the tide will turn, and I know
we shall be victorious. It is indeed tragic that life must be
sacrificed as the result of unprovoked aggression, and all of us
are even now wondering about the fate of our friends and relatives.
But our faith in the right is strong and we are very conscious that
it is our country and our cause which has brought about world real-
ization that communism must be halted.

Please accept my very good wishes for your early
and complete recovery, and the assurances of my esteem.

Sincerely yours,

John M. Chang

Dr. Philip Jaihson
Presbyterian Hospital
Philadelphia, Penna.

John M. Chang
Ambassador

장 면(주미 한국대사)의 편지.

A Hero's Homecoming

MRS PAUL (Stephanie) BOYD, 207 Lincoln st., Media, joins her famous father at San Francisco airport upon return from Korea in October, 1948, to be greeted by a Mr. Choi, representing the Korean National Association (shaking hands), and Philip Ahn, American-Korean movie star.

영웅의 귀환. 1948년 10월,
한국을 방문하고 돌아오는
서재필과 딸의 마중을 나온
Philip Ahn(안창호의 아들)의
모습을 담은 사진.

미국으로 돌아간 서재필이 이승만에게
평화와 통일을 유지하라는 당부의
편지를 보내왔다는 신문기사.
〈조선일보〉 1948년 11월 11일.

統一維持必要

徐載弼博士 李大統領에 書翰

모처럼의 편안한 휴식.

체미(滯米) 50년

서재필 | 서재필박사 수기 변영로 역 〈동아일보〉 1935. 1. 3~4. 2회 연재

내가 오십년간을 미국에 생활하엿다는 것은 가능치 못한 채로 사실이다. 이 단고(短稿)속에 그 기나긴 세월 동안의 나의 경험 전부를 다 말할 수는 가능사가 아니나 가장 중요한 몇 가지를 5기에 나누어 적어보려는 바 그 5기를 말하면 제1기는 캘리포니아와 펜실베니아 양주에서 칼레지 입학 준비를 하든 1885년과 1888년의 3년간, 제2기는 보습교육으로 허비한 기간, 제 3기는 조선에 돌아와 정치운동한 2개년 반, 제4기는 조선서 다시 도미하야 필라델피아에서 상업에 종사한 기간, 제5기는 최근 십년간 의료와 병원사업에 종사한 기간이다.

49년 전 즉 1885년 세 약관의 망명객은 상항(桑港, 샌프란시스코)에 하륙 하엿는데 박영효, 서광범과 내 자신이엇다. 우리는 아는 사람도 없고 돈도 없고 언어도 통치 못하며 이 나라 풍습에도 익지 못하엿엇다. 이러한 사고무친한 상태에서 우리는 가진 고초를 맛보지 안을 수 없엇다. 이곳에 와서는 금릉위(錦陵尉)이든 박영효씨나 멀지도 안은 바로 1년 전에 화성돈(華盛頓) 우리 공관에서 참사관 생활을 하든 서광범씨의 지위를 알아주는 이가 없엇다. 그러한즉 아모 명목도 없는 나인지라 나만은 남이 몰라준다고 물론 낙심치를 아니 하엿다. 우리 3인은 태평양의 황파(荒波)에 밀리어 캘리포니아 해빈(海濱)의 가장 외롭고 가엾어 보이는 '쌧샘'(선박의 유기물)이엇다! 우리는 여러 주일간을 형용할 수 없는 마음의 고통과 물질의 결핍을 겪고 치르다가 끝끝내 이같이 세 사람이 합거(合居)키는 곤란한즉 서로서로 난호기로 결심하엿다. 그리하야 서광범은 조선에 파견된 처음 장로교 선교사인 언더우드 박사 백씨(白氏)의 호의로 뉴욕으로 가게 되었고 박은 일본인의 조력으로 일본으로 도라갓다. 이제는 나 홀로 상항에 처지어 노동하며 공부를 하엿다. 그때 나는 어느 한 친절한 교회인을 만낫는데 일자리도 얻고 영어공부도 할 기회를 그의 조력으로 얻엇다. 나는 아니 해본 노동이 없엇다. 그 중에 제일 쉬운 일이 어느 가구상의 광고지를 이집 저집 문전에 뿌리고 다니는 것이엇다. 일 자체는 그다지 힘들지는 안엇으나 일본제의 잘 맞지 안는 양화를 신고 진종일 뛰어다님이 적지 안은 고통이엇다! 갈나지고 헤여진 발바닥이 밤에는 얼얼하고 쑤시어서 잠을 자지 못하엿다. 나는 악무른 이로 그 고통을 참고 다음날도 그 괴로운 광고물 돌리는 마라손을 하엿다.

얼마를 지난 후에 그 가구상 주인은 부리는 세 사람 중에 내가 제일이라고 하엿다. 그 다른 두 사람은 미국인으로 그네는 하로에 오 마일밖에 못 뛰는데 나는 일급 2불에 10마일을 뛴다는 것이엇다! 나는 그다지도 미국인들이 품파리꾼에게 일시키는 방식을 전연히 모르는 어리북이엇다. 나의 이 천진스러운 일이 다른 두 고용인의 견본으로 내세워지게 되엇다. 이것으로 하야 그 다른 두 고용인은 나를 구적(仇敵)시 하게 된 것이다. 나는 그네들의 내게 대한 그 적개심의 원인과 결과를 얼마 지난 뒤에야 비로소 깨다렷다. 그 당시 태평양 연안의 노동계급 간에는 반중국인 열이 심하엿는데 이상 말한 그 두 궐아(厥兒)들도 분명히 그 일반 감정에 감염된 듯하엿다. 그러나 나는 천행으로도 이 두 애란종(愛蘭種) 미국인의 미움덕이를 면하게 되엇나니, 다름이 아니라 동방(미국의)으로부터 구호의 일 천사가 내도한 것이엇다.

교회 친구들 중 한 사람의 소개로 팬실베니아 만은 무연탄의 소유자로 하기휴가를 이용하야 태평양 연안을 여행하고 잇든 홀른빽(John Hollenbeck)이란 부유한 일위 신사를 맛나게 되엇다. 그는 나에게 어느 흥미를 늑기고 미국에 들온 목적을 무럿다. 나는 나의 미국 온 목적이 미국교육을 받으렴이나 학자관계로 낮에는 노동하고 밤에는 YMCA 야학에를 다닌다고 그에게 말하엿드니 그는 만일 내가 자기의 고향인 펜실베니아주 윌케스빠(Wilkes Barre)로 간다고만 하면 여비 외에 모든 학비까지도 대여주마고 하엿다. 나는 이 천래의 행운에 작약하며 그의 말대로 윌케스빠로 가서 3년간을 잘 경과하엿다. 나는 그곳의 어느 사립예비학교를 다니다가 3년만에 졸업을 하엿는데 졸업식에는 고별 연설자로 나는 피선되엇다.

나는 그 학교 교장집에서 기숙하엿는데 역시 한 집에 살고 잇든 교장의 장인으로부터 미국생활에 대한 만흔 지식을 얻을 특전을 누리엇섯다. 그는 퇴직법관으로 주와 중앙입법부에서의 다년 봉사한 분이엇다. 그는 밤마다 입법과 법정에서의 자기경험을 말하여 주엇는데 미국생활과 제도를 알기에 목마른 나에게는 유익하기만 할 뿐 아니라 자미만으로도 견줄 데 없엇다.

이같이 나는 정규의 학과에서보다 배우는 것이 지나는 줄로 생각하엿다. 미국의 학생들은 저히들의 부형이나 연상의 친척들에게 가진 훈련과 교육(학과 이외의)을 받지만 천애일각(天涯一角)의 고단한 신세인 나에게는 그 연령, 그 경험의 인물과 그다지도 친밀한 관계를 맺게 됨은 참으로 희한한 기회이엇든 것이다.

나는 칼레지 입학시험에서도 무난 통과되고 홀른빽 씨도 재정적으로 후원하기를 계속할 것으로 생각하야 프린스톤이나 라파이엘에 입학하려 하엿다. 그러나 홀른빽 씨는 조건을 붙이어 후원을 계속하겟노라 한 바 그 조건인즉 내가 응할 수 없는 조건이엇다. 다름이 아니라 만일 내가 7년간의 훈련을 받고서 조선 고토(故土)로 선교하려 나간다면 칼레지와 신학교에 다니는 비용을 즐거이 대마 한 것이엇다.

그러나 내가 7년 후에 귀국하게 사태가 될지를 몰라 양심상으로 그러한 약속을 할 수가 없엇다. 그 당시 한국 정부에서는 1884년 정변에 가담한 까닭으로 나를 잡으려 하엿을 뿐만 아니라 7년 후에 과시 홀른빽 씨의 기대대로 조흔 선교사가 됨에 필요한 자격을 내가 구비하게 될지도 의문이엇기 때문이다. 나의 교육을 위하야 기 천불의 큰 도움을 쓴 은인을 실망시키지 안을 수 없엇다. 나는 그에게 지난 후은(厚恩)을 감사하고 쪼지 워싱톤 대학 야학부에 다닐 기회와 일자리를 차저 워싱톤으로 갓다.

수삭 동안의 고역후 나는 육군 의학도서관의 일 서기생으로 드러가게 되어 이상 말한 대학 야학부인 코코란과학원 [Cocoran Scientific School]에 입학하엿다. 칼레지와 의학학위를 위하야 나는 8년간을 워싱톤에 체재한 바와 같이 나는 미국에를 온 주목적을 달성한 것이다.

이러구러 그 당시 한국에는 여러가지 변천이 잇엇다. 일청전역(日淸戰役) 후 마관조약으로 한국은 독립국이 되엇다. 정부에서는 나에게 외무차관이 되어달나 하엿으나 나는 의학연구를 중지하고 십지 안허 귀국 취임하기를 거절하엿다. 나의 옛 친고(親故) 박영효, 서광범, 윤지호, 유길준 제씨는 새 내각에 각료들이 되엿다. 그러나 얼마 아니 되어 이 새 내각은 협의(協議)를 일코 동시에 1884년 때와 소호(小毫)도 틀림없이 황제와 궐내 도당과 반목 불화하엿다는 것을 나는 들었다.

나는 미국에서 행의(行醫)하기로 결심하엿는데 이때 박영효는 뜻밖에 재차의 망명으로 워싱톤에를 왓다. 그에게서 조선의 정치적 정세는 이전과 틀림없이 절망이라함을 드럿다. 박씨는 내가 귀국하면 그 정형 밑에서 내가 무엇을 할 수 잇을가를 생각하엿다. 그리하야 나는 병원문을 닫고 1896년 12월에 귀국의 길을 떠나 원단(元旦)에 도착하엿다.

도라와 보니 민중전께서는 이미 승하하섯으니 고종께서는 김홍집, 유길준 등으로 조직된 새 정부에 불만하시엿는바 이면으로는 왜성대의 일본공사가 절대의 권력을 휘둘럿다. 그리고 나는 그때 구 각신들이 현 정부에 피살될가 보아 미 공관에 피신하고 잇는 것을 만히 보앗다. 나는 조야를 막론하고 서로 모해(謀害)하고 서로 살벌하는 옛날이나 틀림없는 조선적 광경을 목도하엿다. 그리하야 나는 상심낙담한 끝에 변복을 하고 다음 선편으로 미국으로 재도(再渡)하려 하엿다.

그러나 유길준은 백방으로 나를 만류하고 이 저 직임을 나에게 권하엿다. 나는 내가 미국에를 다시 가지 안는다 드라도 벼슬은 하지 안코, 민중교육의 의미로 신문을 발간하야 정부가 하는 일을 민서(民庶)가 알게 하고 다른 나라들이 조선 때문에 무엇을 하고 잇나를 일깨어 주는 일이나 하여 보겟다 하엿다. 유 씨는 나의 제의에 쾌락을 하고 재정적으로 나를 후원하겟노라 확약을 하엿다. 그러나 얼마 아니 되

어 정부 내에는 급격한 변동이 또 이러낫다. 고종께서는 아관으로 암야에 파천(播遷)하옵신 바 그곳에서 현 각신들에게 사형선고를 나리시고 신내각을 조직케 하시엇다. 나는 아관으로 가서 고종께 뵈옵고, 환어(還御)하서서 일국의 지존으로 국정을 람(覽)하실 것이고 남의 공관의 일빈객으로 머무르지 마시라고 복주(伏奏)하엿다. 그때 고종께서는 물론 아관에 이르기까지 나를 미워하엿다.

그러나 새로 조직된 내각도 내가 전 내각과 약속한 신문경영을 한 것은 거부치 아니하엿다. 신문은 항간에 대호평을 사서 사회 각층에 널이 일키어 지엇다. 공정을 기하려 나는 불편부당 주의로 어느 편 어느 패에도 쏠리고 기울지를 아니하엿다. 나는 친아 친일할 것없이 두 편 정객들을 모두 매도하엿다. ─까닭은 그 두 편이 너나없이 외적 세력의 괴뢰노릇을 하기 때문이엇다！나는 공석에서나 사석에서나 글로나 말로나, 조선의 민리민복만을 위하야 일하고, 남의 굿에 놀지 안음이 조선 위정자의 의무만을 역설하엿다. 이 종류의 설교가 민간에 성과를 내이기 시작하야 일반은 점차로 정부의 행사와 그 정치적 동향에 눈을 뜨게 되엇다. 이 기운이 가속도로 농후하여지어 매 일요일 서대문 외 독립관에서 내가 연설을 할 때는 청중이 운하(雲霞) 같이 모여드럿다.

이 민중의 각성되어가는 현상이 황제와 그 완명고루한 각신들과 자국의 이익을 위하야 양적 음적으로 활약하고 잇든 열국 사신들을 놀내게 하엿다. 사교적으로는 나는 그네들과 별 충돌 없이 지내엇으나 정치적으로는 모다 나를 증오하엿다. 너무 급격한 개혁운동을 하다가는 일신상 불리한 일이 만을 것인즉 개혁운동이라도 서완(徐緩)한 조자(調子)

로 하라고 권언하는 인물도 잇엇고, 모종 기사는 게재치 말라고 뇌물을 주려는 이도 잇엇으며 자기네의 그늘진 정치적 행사를 폭로하다가는 신변에 위해를 가하겟다는 협박까지를 하는 자도 잇엇다.

나는 그 모든 것에 귀를 막고 일 신문인으로서의 의무를 다하기에 노력하엿다. 그네들은 가진 방식으로 나의 사업을 저해하기 시작한바 종말에는 우송물을 차압함으로써 신문의 향간(鄕間) 배달은 불능하엿엇다.

어느 날 미국공사는 내가 황제와 모모세력에 적대적 태도를 취함은 가장 불현명한 일인즉, 위해가 신변에 밎이기 전에 가족동반하야 미국으로 다시 가라고 권하엿다. 하나 얼마동안을 더 계속하여 보다가 "내가 종자는 뿌럿은 즉 내가 떠난 뒤에라도 거둘(추수)이가 잇으리라"는 생각을 품고 나는 하릴 없이 미국에를 다시 건너가기로 결심하엿다. 나는 신문을 나의 친우인 윤치호에게 맛기고 떠낫다.

어느 의미로 보아 나의 2년 반간의 귀국 활동이 아조 무의미하지는 안은 듯하다. 상기한 것이 이 소기 본제와는 어긋나나, 나의 오십년간 계속적 경험을 적자하니 자연 포함된 것이다. 내가 미국에를 재도(再渡)하여 보니 3년간이나 의료과학과의 연(緣)이 머러젓든이만큼 그 길에 낙후된 감을 불금하엿엇다. 나는 다시 대학의 연구생이 되든지, 딴 일을 하든지 하여야 되게 되엇다. 그때 펜실베니아의 일 학우가 인쇄업을 경영하니 같이 하여보자 하야 나는 그와 함께 상업을 개시케 되엇다. 우리는 소규모로 시작하엿는데 차차로 업무가 확장되어 1919년까지 여러 해 동안을 필라델피아에서 상당히 '삑·삑시네스'를 하엿다.

(중략) 나는 3년 갓가이 이 활동에 나의 시간과 재산을 바치엇다. 그리하야 나는 사실상으로 파산되고 마럿다. 무일문(無一文)하게 된 나는 이제와서는 나의 가족의 부양으로 다시 무슨 일이고 하지 안을 수 없이 되엇다. 다시 상업을 경영하자 하여도 자본이 없엇다. 유일한 방도는 한 번 더 의학을 연구하야 학문과 기술이 아울러 시대에 뒤지지 안케 함이엇다. 그리하여 나는 펜실베니아대학에 연구생으로 드러가서 2년간을 연구하엿다. 그 2년을 치른 다음 나는 펜실베니아 어느 병원에 취직이 되엇다가 기년(幾年) 후에 레딩에 잇는 그보다 큰 병원으로 전임(轉任)이 되엇다. 1932년에는 웨스트 버지니아 촬래스톤에 잇는 어느 병원에 초빙되어 그곳으로 옴겨가서 2년간을 집무하엿다. 불행히 이 느진 봄에 나의 건강은 말못되어 휴양과 회복차로 펜실베니아 미디아로 도라오지 안을 수 없엇다. 이지음 차도는 잇으나 의사는 나에게 원체 노령인즉 그러한 힘드는 일을 함은 불가하다고 당분간 휴직하라 권하엿다. 해결은 지어야만 할 나의 가족 부양문제는 미해결로 잇는 것이다.

[편자 주] 1935년 1월 3일과 4일 2회에 걸쳐 〈동아일보〉에 연재된 이 글은 서재필 연구에 매우 귀중한 자료이다. 갑신정변에 실패하여 미국에 망명한 후에 완전히 낯선 환경에서 겪은 일들과 의사가 되어 1896년 말에 고국으로 돌아온 뒤의 사정이 기록되어 있다. 〈독립신문〉을 발행하던 때와 미국으로 다시 돌아간 후의 생활도 요약되어 있다. 고딕체로 고친 문장은 당시 〈동아일보〉 지면에 강조하는 의미로 방점을 찍어 편집했던 부분이다. 맞춤법과 띄어쓰기는 현행대로 약간 바꾸고 한자를 많이 줄였으나 문장은 원래대로 두었다.

제6장

파란만장했던
거인巨人의 생애

필라델피아에서 대한공화국
통신부 총책임자로 활동하던
무렵의 모습.

1977. 12. 13   대한민국 정부에서 건국훈장 대한민국장 추서.
1994. 4. 4   필라델피아 웨스트 로렐 묘지에 안치되어 있던
            유해 한국으로 봉환.
4. 8   국립서울현충원 애국지사 묘역에 안장.

조국의 통일을 못 본 채…

서재필은 미국에 돌아간 후 1949년에 자신의 집이 있는 필라델피아 근교 미디아에서 개인 병원을 개업했다. 임창영이 서재필이 서거하기 열흘 쯤 전인 1950년 크리스마스 무렵 미디아 집으로 서재필을 방문했을 때, 서재필은 방광암으로 진단받고 몸이 극도로 쇠약하여 병석에 누워 두 딸의 시중을 받으면서 "이제 이 세상을 떠날 준비가 되어 있다"고 말했다.

서재필은 그러면서도 미국인들과 조선인들의 전쟁, 그리고 그들과 인류 모두를 위한 더 나은 미래를 건설하는데 양국의 협력 필요성 등을 이야기했다. 그는 6·25전쟁에 대해서 통탄하면서, 자신이 이 광란을 종료시키기 위해 무엇인가를 할 수 있기를 바랐다. 그러면서 만일 가능하다면 이 비극을 끝내기 위해 간청하러 평양, 서울, 워싱턴, 모스크바, 베이징 어디든지 갈 것이라는 의지를 표명했다. 서재필은 임창영에게 "궁극적으로 서로 함께 살고 공동의 선을 위해 함께 일하는 것을 배우게 될 조선 사람들에게 신념을 가지고 있다"면서, "여기에 통일 독립 민주주의 조선의 길이 있다"고 했다.

서재필은 1951년 1월 5일, 필라델피아 근교 노리스타운에 있는 몽고메리병원에서 파란만장한 위대한 일생을 마감했다. 87세였다. 서재필 서거 3일 후, 그가 살았던 펜실베이니아의 미디아에서 발행되는 〈미디아 뉴스(The Media News)〉는 서재필의 일생을 사설로써 추모했다. 그 신문의 사설은 "서재필 씨의 생애는 그의 조국과 귀화한 나라의 자유와 정의구현을 위한 정열로 점철되어 왔다. 그와 같은 의미에서 그는 여러 나라의 역사상 요란했으나 이기적 권력욕을 위해 행동했던 인물들과 달랐고, 국민들을 억압하는 정부제도에 반대했다"고 썼다.

〈Chester Times〉의 서재필 사망보도.
서재필의 죽음을 애도하고,
생전의 공적을 소개했다.

Penn and Villanova to Play in Twin Billing

Howie Dallmar's Penn basketball team will oppose powerful Syracuse on Saturday, at the Palestra, in the opener of an attractive doubleheader that will offer a return meeting between Villanova and North Carolina State in the nightcap. In an earlier encounter with North Carolina State, Villanova removed the Dixie Classic tournament champions from the ranks of the unbeaten.

Independence Arch and Its Creator

INDEPENDENCE ARCH, in the very heart of war-torn Seoul, capital of Korea, is more than just a structure under which Koreans and visitors pass daily. It is a monument to the memory of a man and a movement. The man, Dr. Philip Jaisohn, returned to his native land after earning his medical wings in the United States, to form an Independence Club, comprised of modern, brilliant, intellectual and liberal-minded men. Overlooking the site on which Dr. Jaisohn conducted public forums, the people later erected the great arch pictured above. Also above, Dr. Jaisohn is shown reading a message at the re-dedication ceremonies in 1948, when he returned to Korea for the third time to help in that country's fight for freedom.

Springfield Chest X-Rays

Chest X-Rays for tuberculosis will be held in the Springfield High School February 8, for eleventh and twelfth grade pupils, athletes and the general public.

Death Claimed Three Famous Delaware County Residents During Span of Single Week

(Continued from Page 1)

commander of U. S. occupation forces. He was the key liaison between his native and adopted governments, helped write the constitution of the established Korean republic, and was asked to become the free country's first president. Only his reluctance to give up his United States citizenship kept Dr. Jaisohn from accepting the position.

He was honorary president of the Korean Red Cross, chief of dermatology at Chester Hospital, and a member of the Delaware County, Pennsylvania State Medical Societies, and the American Medical Association.

Varied Career

Mr. Sollmann was one of the founders of the German Republic after World War I and had been a lecturer for 13 years at the center for religious and social study maintained at Wallingford by the Society of Friends.

He had a varied career as jour-

Man o' War was the greatest horse of all time. A son of "Big Red," War Admiral, precipitated many a comparison, but Mr. Riddle always maintained there could be none.

Mr. Riddle's death followed by eight years that of his wife, the former Elizabeth Dobson, and by three years that of the fabulous Man o' War, victim of a heart attack

A
Town
Riddl
dock,
an im
made
in the
stone
by hi

NEWS

It's Winter Buying Time
Take Advantage of Values
Advertised in The News

Nether Providence, Newtown Square, Green Ridge, Chester Heights, Drexel Hill, Glen Mills, Lenni, Wawa, Secane, Morton, Upper Providence, and surrounding areas.

MEDIA, JANUARY 11, 1951   Five Cents Per Copy—$2.50 Per Year

Death Claimed Three Famous Delaware County Residents During Span of Single Week

They Fought for What They Loved

WILLIAM F. SOLLMANN   DR. PHILIP JAISOHN
... for civil liberties   ... for a free Korea

Dr. Philip Jaisohn, Who Turned Down Presidency Of Korea, Precedes Wm. Sollmann, Samuel Riddle

By WALTER N. CONNORS

Within the span of a single week, three distinguished Delaware County residents who had fought battles all their lives for the things they loved and believed in, were losers in the battle to death.

Media's Dr. Philip Jaisohn, who relinquished his royal birth rights and battled to the very last of his 81 years for Korean independence, passed away Friday after an illness of less than a year.

William F. Sollmann, German statesman and educator who fought for a German democracy and world peace before and after seeking a haven from Nazi persecution as a lecturer at Pendle Hill, Wallingford, died Saturday in New Haven, Conn.

Robertson to Submit Bill Designed to Curb Sexual Psychopaths

County's Legislators also Plan Fight on Wage Tax

State Assemblyman James N. Robertson will submit a bill to the Pennsylvania Legislature Monday, aimed at controlling sexual psychopaths, removing them from society and providing them with the care that might rehabilitate them.

"This is my pet bill," Robertson said this morning. "I was bitterly disappointed in 1949 when a similar measure passed the Lower House only to become stymied in the throes of a Senate Committee's red tape. I am putting this bill in on the first day, and I will be exerting my every influence for its eventual passage."

While Robertson would not comment on it, it is believed that Welfare Secretary Charlie Barber had opposed the bill during the last session of the General Assembly, even though Gov. Duff favored its passage. Gov. Fine's attitude is not known at this time.

Bred Great Horses

And, this afternoon at three o'clock, funeral services will be held at Middletown Presbyterian Church for Samuel D. Riddle, who loved the turf and bred great horses, and who succumbed Monday morning after 89 full and eventful years.

Dr. Jaisohn lived at Lincoln and Edgmont sts. Media, with a daughter, Muriel A., and a grandson, Philip Jaisohn Hardiman. A native of Korea, his true name was Sohn Jai Pill.

Born a prince, Dr. Jaisohn was related to the royal family of Yi, which ruled Korea from 1392 to 1910. He lived in the utmost luxury, wealth and tradition of a princely household, but, when only 11 years old, he became deeply interested in the state of his people.

Smuggled Literature

He would retire to a little temple on the side of a mountain and read smuggled literature on American history and the American way of life. It was through this for

Oil Burner Blamed as Broomall Home Fire Routs Aged Patients

Employees Remove 44 as Second Floor Is Destroyed

Forty-four aged and convalescent persons were carried to safety when fire was discovered in the Best Haven Convalescent Home, Broomall, shortly after 2:30 a.m. yesterday morning.

The fire, which was discovered by Mrs. Minnie Whatley, a night nurse on duty in the building,

<MEDIA NEWS>가 1951년 1월 11일자에 보도한 서재필 관련 기사. 한국의 독립을 위해 투쟁한 서재필 박사와 독일 민주주의 정착을 위해 싸운 독일 공화당의 창시자 William F. Sollmann, 지역사회 발전을 위해 지대한 공헌을 한 Mr. Liddle의 생애와 업적에 대한 간단한 프로필을 게재하였다. 특히 서재필 관련 기사는 일신의 편안함 보다는 조국과 민족의 장래를 걱정한 어린 시절, 미국의 생활방식 및 민주주의 제도를 도입하려는 노력 <독립신문> 창간과 독립협회(The Independence Club) 창설, 일본 제국주의의 침략과 만행을 규탄하는 강연회 개최 등 조국 독립과 근대화를 위해 헌신한 공적을 보도했다.

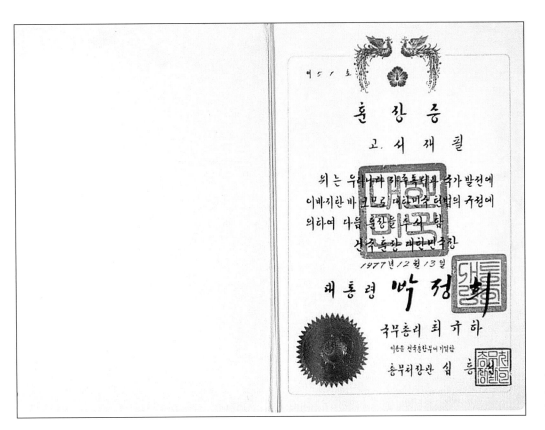

서재필에게 추서한
건국훈장 대한민국장 훈장증.
1977년 12월 13일.

미 의회가 수여한 훈장. 하나는 케이스에 담겨져 있다.

대한민국 건국훈장의 정장과 부장.
건국공로훈장이 제3공화국 때에
건국훈장으로 명칭이 바뀌었다.

국립묘지 안장. 서재필의 유해는 1994년 4월 8일 오후
서울 동작동 국립서울현충원 애국지사 묘역에
안장되어 조국의 품에서 영면하게 됐다.

고가도로가 건설되면서 사적 32호인 독립문은 원래의 자리에서 밀려나야 했다.
독립문의 이전은 1970년 말에 교각식 육교를 세울 때부터 예고되었다.
문화재를 가리는 시멘트 육교가 세워지자 반대여론도 거세었으나
1979년 3월에는 해체 작업이 시작되어 2천312개의 석재를 해체하였다.
12월 27일에는 공사가 완료되어 독립공원 내 현재의 위치로 옮겨졌다.
언론인 홍종인(안경 쓴 이)과 역사학자이자 언론인 천관우(한복 두루마기 차림)가
공사 현장에 가서 독립문을 살펴보고 있다.

기념비 비문.

펜실베이니아에 세워진 기념비.

민족을 위한 '희망의 씨앗'을 뿌린 선각자

서재필은 이름 그대로 위대한 선각자, 개화 혁명가, 독립운동가, 민주와 통일, 그리고 민생과 자립경제, 산업부흥을 중시한 정치가의 삶을 살았고, 그 삶을 민족의 제단에 온전히 바쳤다. 그리고 그것은 결국 민족이 해방되고 독립국가가 되어 민주화와 경제대국을 이루어 세계에 우뚝 선 대한민국을 이뤄내는 씨앗과 밑거름이 되었다.

서재필은 거의 90년에 이르는 생애에서 20대, 30대, 50대, 80대의 네 차례에 걸쳐 우리 민족의 개화(개혁), 독립, 민주, 통일을 위해 자신의 모든 것을 바쳤다. 한두 번 그렇게 하기도 어려운 법인데, 서재필은 네 번이나 그렇게 했다. 그는 조국을 위한 일에는 물불을 가리지 않고 몸을 던졌다.

첫째, 1884년 젊은 나이에 서양의 개화된 사상과 문물을 받아들여 조선을 현대적인 국가로 변모시키고자 갑신정변을 일으켰다(21세). 소위 '위로부터의 혁명'을 시도했으나 결국 민중의 지지와 연계되지 못하고 '3일 천하'로 끝났다. 그러나 갑신정변은 우리나라 근대사에서 정치 사회의 일부가 정부의 개혁과 외세로부터의 독립을 위해 급진적인 정권변화의 행동을 취한 최초의 사건이었다.

둘째, 미국에서 자신의 20대 전체를 보내면서 배우고 경험한 것을 1896년 1월부터 1898년 5월까지 2년 5개월 동안 조국을 위해 사용해, 조국을 자주적이고 독립적이며 민주적인 국가로 바꾸기 위해 온 힘과 정열을 바쳤다(32~34세). 이 기간에 서재필은 독립협회 창설, 독립문과 독립관 건립, 배재학당 협성회 창설, 만민공동회 개최를 통해 조선사회에 개화, 독립, 민주의 가치를 도입하고 확산시켰다.

당시 서재필의 활동은 우리 민족의 독립과 발전의 '희망의 씨'를 심은 것이었다. 실로 서재필 자신에게는 인생의 황금기였으며, 우리 민족에게는 찬란한 여명의 아침이었다. 결국 서재필의 위대한 사상적 유산은 조선왕조가 일본에 외교권을 빼앗기고 국토를 병합당한 뒤에도 신민회, 대한자강회, 상하이 대한민국 임시정부, 일제 하 항일독립운동 및 민족사관 형성으로 이어졌다. 그것은 결국 우리민족의 독립과 건국, 민주주의 발전의 밑거름이 됐다.

셋째, 조국에서 1919년 3·1운동이 터지자 그는 미국 필라델피아에서 한인연합회의를 개최하고, 한국홍보국을 설치했다. 또 미국인 유지들을 끌어 들여 한국 친우동맹을 전국적으로 만들고, 영문 잡지 〈한국평론〉을 발간했다. 그리고 상하이 대한민국 임시정부 구미위원회의 일과 워싱턴(군축)회의에서 한국 문제를 상정시켜 조국의 독립을 성취하기 위해 분투했다(55~57세). 그는 이 3년간 조국의 독립운동에 자신의 모든 것을 다 바쳐 헌신함으로써 그의 번창했던 사업은 무너지고 결국 파산하고 말았다(60세). 그리고 그 후 세상을 떠날 때까지 거

펜실베이니아 서재필기념관 개관식.
왼쪽에서 세 번째가 서재필의 외손자인
필립 제이슨 하디간.

서재필 기념관 전경.

THE
PHILIP
JAISOHN
MEMORIAL
HOUSE

서재필 기념관

의 30년간을 생활고에 시달려야 했다.

넷째, 해방 후 1947년 7월 미군정의 초청으로 미군사령관 한국문제 최고고문, 미 군정청 특별의정관으로 귀국하여 1년 2개월여의 기간 동안 새로운 국가의 수립을 위해 최후의 봉사를 했다(83~84세). 해방정국에서의 서재필의 주장은 간단명료했다. 민주주의에 기초하여 자주독립 국가를 수립하고, 열심히 일하여 산업을 부흥시키며, 무슨 일이 있더라도 남북한이 통일정부를 이룩하여 민족이 살아나야 한다는 것이었다. "자신의 생계는 자신이 꾸리라"는 실생활의 지혜에서부터, 남북분단을 극복하여 통일을 이룸으로써 우리 민족이 "살 도리들을 하라"는 가르침이었다.

그러나 서재필은 통일을 보지 못하고 또 다시 미국으로 제3차 망명의 길을 떠나야 했다. 그리고 미국에서 지치고 병든 몸으로 동족상잔의 6·25전쟁을 지켜보아야 했다. 우리는 그동안 정치의 민주화와 경제의 선진화를 달성했고, 하나의 독립국가로 세계 속에 당당히 섰다. 서재필이 뿌린 개화, 독립, 민주의 씨앗은 열매를 맺었다. 하지만 서재필이 원했던 민족의 통일국가 수립은 아직도 이뤄지지 않았다.

이런 맥락에서 서재필기념회가 2002년 4월 7일 신문의 날에 즈음하여 천안 독립기념관 뜰에 세운 「서재필 어록비」의 문안을 '민족통일'과 관련된 어록으로 고른 것은 큰 의미가 있는 일이었다. "합하면 조선이 살 테고, 만일 나뉘면 조선이 없어질 것이오. 조선이 없으면, 남방 사람도 없어지는 것이고 북방 사람도 없어지는 것이니 근일 죽을 일을 할 묘리가 있겠습니까. 살 도리들을 하시오."

마지막으로, 서재필은 의사로서 인간의 생명을 중시하고 존중하면서 정치활동을 했고, 자신이 태어난 조국의 국경을 넘어 인간과 인류에 대한 사랑을 실천한 우리 민족 '최초의 세계인'이었다.

서재필이 살던 집은 현재 펜실베이니아의 '역사 명소'(historic site)가 되었다. 또한 필라델피아 한인교포들이 세운 서재필기념재단이 운영하는 서재필기념관으로 자리 잡았다.

서재필기념회가 독립기념관에 세운 '서재필 어록비'

조각 : 오영태
디자인 : 조의환

비문 전면

합하면 조선이 살 테고
만일 나뉘면 조선이 없어질 것이오.
조선이 없으면 남방사람도
없어지는 것이고 북방사람도
없어지는 것이니 근일 죽을 일을 할
묘리가 있겠습니까.
살 도리들을 하시오.
1949년 3 · 1절에 즈음하여 조선 동포에게 고함
徐載弼

비문 후면

서재필 (1863. 11. 28. 음~1951. 1. 5.)
송재 서재필(徐載弼, Philip Jaisohn) 선생은 개화 독립 민주를 주창한 사상가이자 운동가이며 언론인으로서 한민족의 나아갈 길을 밝힌 선각자이다. 갑신정변에 가담 하였으나 실패로 끝나자 미국으로 망명하였다. 한국인 최 초로 서양의사가 되었고 1895년 12월 조국으로 돌아와 독 립신문을 창간하고 독립협회를 창설하였으며 독립문을 건립하였다. 1898년에 다시 미국으로 돌아갈 수밖에 없었 던 선생은 평생을 조국의 독립을 위해 헌신하였다. 3·1운 동 후 대한민국 임시정부와 연계하여 미주에서의 독립운 동을 주도하였고 광복 후에는 미군정 고문관으로 귀국하 여 민주독립국가 수립에 진력하였다. 그러나 한반도 남북 에 각기 단독정부가 서자 분단을 막지 못한 큰 한을 품은 채 1948년 9월 다시 미국으로 건너가 6·25전쟁 중 이국땅 에서 운명하였다. 독립신문이 창간된 4월 7일을 '신문의 날'로 정하여 선생의 높은 뜻을 기리고 있다.

서재필기념회는 송재문화재단, 한국신문협회, 한국신 문방송편집인협회, 한국기자협회, 한국언론재단과 뜻을 합하여 선생이 남기신 소중한 말씀을 영원히 기리고자 이 어록비를 세운다. 2002년 4월 7일.

재단법인 서재필기념회 연혁

1995. 6. 30   서재필기념회 창립. 초대 이사장 권오기

1996. 4. 4   서재필과 〈독립신문〉 특별전시회 및 〈독립신문〉 100주년 기념강연회

2001. 4   『개화 독립 민주』 발간. 서재필 연구논문 9편, 평론 8편, 문헌해제 수록

2003. 4   『서재필과 그 시대』 발간. 서재필 연구논문 13편 수록

2002. 4. 4   독립기념관에 서재필 어록비 건립

2004. 2. 12   재단법인 서재필기념회 공익재단법인 허가

2004. 4. 26   재단법인 이사장 권오기 취임

2004. 10. 16   제1회 서재필 의학상 시상식(수상자: 유준 박사)

2005. 11. 16   제2회 서재필 의학상 시상식(수상자: 현봉학 박사)

2006. 5. 9   제2대 백낙환 이사장 취임

2006. 12. 4   제3회 서재필 의학상 시상식(수상자: 권이혁 성균관대 이사장)

2007. 12. 17   제4회 서재필 의학상 시상식(수상자: 차경섭 차병원 이사장)

2008. 12. 15   제5회 서재필 의학상 시상식(수상자: 신예용 신안과의원 명예원장)

2009. 12. 8   제6회 서재필 의학상 시상식(수상자: 이호왕 고려대 명예교수)

2010. 5. 14   제3대 안병훈 이사장 취임

2010. 12. 14   제7회 서재필 의학상 시상식(수상자: 양재모 성심의료재단 이사)

2011. 1. 5   서재필 선생 60주기 추모식

2011. 4. 1   『선구자 서재필』 발간(백학순·이택휘·정진석·이왕준 공저, 도서출판 기파랑)

홍보용 CD 「선구자 서재필」 제작

2011. 4. 8   제1회 서재필 언론문화상 시상식(수상자 KBS 구수환 PD)

2011. 4. 26   '올해의 민족언론인' 서재필 선정, 내셔널프레스클럽에 동판 헌정

2011. 12. 15   제8회 서재필 의학상 시상식(수상자: 신정순 한국뇌성마비복지회장)

2012. 4. 9   제2회 서재필 언론문화상 시상식(수상자: 류근일 전 〈조선일보〉 주필)

           '올해의 민족언론인' 이승만· 박은식 선정. 내셔널프레스클럽에 동판 헌정

           『두 언론 대통령 이승만과 박은식』 발간(정진석 지음, 도서출판 기파랑)

2012. 12. 3   제9회 서재필 의학상 시상식(수상자: 한상태 전 WHO 서태평양지역 사무처장)

2013. 4. 9   제3회 서재필 언론문화상 시상식(수상자: 채널A 이진민 PD)

           '올해의 민족언론인' 배설 선정. 내셔널프레스클럽에 동판 헌정

           『나는 죽을지라도 신보는 영생케 하여 한국동포를 구하라』 발간(정진석 지음, 도서출판 기파랑)

2013. 12. 3   제10회 서재필 의학상 시상식(수상자: 주일억 전 세계여의사회 회장)

2014. 3. 1   서재필 탄생150주년 기념우표 발행

2014. 4. 9   제4회 서재필 언론문화상 시상식(수상자: 〈조선일보〉 특별취재팀 정권현 부장 외)

           '올해의 민족언론인' 남궁억 선정. 내셔널프레스센터에 동판 헌정

           『황성신문 초대사장 남궁억』 발간(정진석 지음, 도서출판 기파랑)

서재필 기념회 임원

고문
유준(柳駿) 유준의학연구소 이사장
신예용(申禮容) 신안과병원 명예원장
권이혁(權彝赫) 세계결핵제로운동본부 명예총재
백낙환(白樂晥) 학교법인 인재학원 이사장
김옥렬(金玉烈) 전 숙명대학교 총장

이사장
안병훈(安秉勳) 도서출판 기파랑 대표

부이사장
전세일(全世一) CHA의과대학 통합의학대학 원장

이사
연만희(延萬熙) 유한양행 고문
이택휘(李澤徽) 전 서울교대 총장
정진석(鄭晉錫) 한국외국어대학교 명예교수
유재건(柳在乾) 15, 16, 17대 국회의원
백학순(白鶴淳) 세종연구소 수석연구위원
윤석홍(尹錫弘) 단국대학교 명예교수
이장한(李章漢) 종근당 회장
김용덕(金容德) 서울대학교 명예교수
변용식(邊龍植) 조선일보 발행인
김수길(金秀吉) JTBC 대표이사 사장
최맹호(崔孟浩) 동아일보 부사장
김홍우(金弘宇) 서울대학교 명예교수
이왕준(李旺埈) 명지의료재단 이사장

감사
이예철(李禮哲) 예일통증의학과 재활의학과 원장
김장환(金長煥) 종근당산업㈜ 대표이사

총무
공장민(孔長民)

기파랑耆婆朗은 삼국유사에 수록된 신라시대 향가
찬기파랑가讚耆婆朗歌의 주인공입니다. 작자 충담忠談은 달과
시내의 잣나무의 은유를 통해 이상적인 화랑의 모습을 그리고 있습니다.
어두운 구름을 헤치고 나와 세상을 비추는 달의 강인함. 끝간 데 없이
뻗어나간 시냇물의 영원함. 그리고 겨울 찬서리 이겨내고 늘 푸른빛을
잃지 않는 잣나무의 불변함은 도서출판 기파랑의 정신입니다.
www.guiparang.com

민족을 위한 '희망의 씨앗'을 뿌리다
선각자 서재필

초판1쇄 발행일 2014년 5월 10일

엮은이	서재필기념회
책임집필	정진석
펴낸이	안병훈
디자인	조의환, 오숙이, 김성숙
편집	조양욱, 박은혜
제작	허인무
서무	이주이
펴낸곳	도서출판 기파랑
등록	2004년 12월 27일 제300-2004-204호
주소	서울시 종로구 대학로8가길 56 동숭빌딩 301호
전화	02-763-8996(편집부) 02-3288-0077(영업마케팅부)
팩스	02-763-8936
이메일	info@guiparang.com